【青海传统古村落】

张扬 著

青海人民出版社

图书在版编目(CIP)数据

青海传统古村落 / 张扬著. -- 西宁 : 青海人民出版社, 2017.12 (2023.6 重印)
ISBN 978-7-225-05529-9

Ⅰ. ①青… Ⅱ. ①张… Ⅲ. ①村落—介绍—青海 Ⅳ. ①K924.45

中国版本图书馆 CIP 数据核字(2018)第 000022 号

青海传统古村落

张扬 著

出 版 人	樊原成
出版发行	青海人民出版社有限责任公司 西宁市五四西路 71 号 邮政编码:810023 电话:(0971)6143426(总编室)
发行热线	(0971)6143516/6137730
网　　址	http://www.qhrmcbs.com
印　　刷	陕西龙山海天艺术印务有限公司
经　　销	新华书店
开　　本	720mm×1010mm 1/16
印　　张	23.25
字　　数	180 千
版　　次	2018 年 4 月第 1 版 2023 年 6 月第 3 次印刷
书　　号	ISBN 978-7-225-05529-9
定　　价	69.00 元

前言

在青海探寻古村落并不是一件容易的事，尤其是在三江源地区，有时走上一天，也未必能看到一个村落。这致使很多人误认为青海没有村落，只有雪山、草地、帐篷和牛羊。

其实不然，只要你沿着黄河、长江、澜沧江的源头往下游走，就会赫然发现，原来青海的那些古村落特别善于隐藏，它们不仅真实存在，而且大量藏匿于大山深处、河流之畔，甚至那些不起眼的树林中。它们没有惊天动地的举动，没有张扬或夸张的对外表达，以至于让我们忽略了它们和中国其他地方都不一样的独具魅力的一面。

来吧，让我们现在就出发，去揭开已经入选中国传统村落名录或载入历史文化名村名镇的七十九个最美青海古村落的神秘面纱。

目录

寻找多弥国的影子 电达村 1
龙界通往人间的出口 多伦多 8
青海最原生态的村落 也巴村 13
人间最美仙境 拉则村 17
人间仙境有两位仙子 英群 英达 22
这里也有座「赵州桥」 查同社 28
青海高原的长寿村 卓木其 34
青海也有「泼水节」 吾云达 40
牛背上的传统村落 扎哈村 41
青海高原上的红色足迹 班前村 49
微缩版的小拉萨 多日麻 53
边疆屯兵史的活化石 保安城 57
名副其实的唐卡村 吾屯 64
人神共舞 古楚遗风 年都乎 68

迷宫古堡屹立热贡九百年 郭麻日 72
罕见「金黄果」现身 尕沙日 78
斗龙山下的六月会 录合相 82
藏戏大幕在这里拉开 江什加 86
大鹏展翅的地方 江龙村 89
这里有个「小布达拉宫」 木合沙 95
和「七仙女」的约会 牙什当 99
神山下的十二部落 和日村 106
挂在山崖上的「山城」 土房村 110
最隐秘的世外桃源 双朋西 114
三百五十年的梵音绝唱 日秀麻 120
远古村落的美丽嬗变 吉仓村 124
黄河眷顾的净地 贾加村 129

探秘安多第一宅院　尖巴昂　133
吐蕃赞普和这里结缘　牙那东　137
走进尚尤则柔的故乡　下排村　140
明代大将遗落在高原的珍珠　刘屯村　146
羌姆跳进昨那和罗汉堂村　拉西瓦　152
追寻茶马互市的繁华　兔尔干　158
「青海九寨沟」里的小塔尔寺　贾尔藏　162
龙凤呈祥的宝地　下且一村　166
人神佛共生的秘境　沙尔湾　170
大戏从光绪十一年开始　下营一村　174
往日衙门今何在　衙门庄　178
来一场民间艺术奇葩之旅　寺沟村　184
这里有个神秘的鸡蛋会　索卜滩　188
这里有一个美丽的传说　哇麻村　194
被一百零八个神泉包围的村落　互助大庄　200
写进大清庄堡档案的村落　洛少村　208

被九条沟切割出的村落　年先村　216
走进神秘土地霍尔郡　五十村　220
宗喀巴母亲诞生地　北庄古堡　226
百年古刹的后花园　寺滩村　230
巨龙现身的地方　土观村　234
白塔附近有一个「白娘子」　张家村　240
承载历史的记忆　洪水泉村　244
消失在视线里的村落　硝水泉　249
到底是谁的大十字　十字村　253
莲花池里的昆仑道观　昆仑村　259
「龙头」上的村庄　龙王岗　263
寻找一支来自西藏的神箭　黄麻村　267
枕着青沙山臂弯入睡　南滩村　271
大山深处的百年藏庄　塔加村　275

龙达舞带来的祥瑞 牙什扎村 281
千年阿妈树的庇佑 尕洞村 286
不可思议的村庄 恰加村 291
艺术大师留下绝版艺术 合然村 295
十世班禅大师故居 毛玉村 300
彩绘大观载入世界纪录 牙循村 306
罕见的城中城 张沙村 310
青海东部的石头城 比隆村 316
古渡口的「大力水手」 苏志村 320
白骆驼醉倒的地方 三兰巴海村 326
黑大门里暗藏玄机 团结村 330
古河道诉说的沧桑 西沟村 336
差点儿成为县城的地方 瓦匠庄 340
这里有一个缩小版壶口瀑布 上科哇 344
高墙大院里的撒拉盛宴 下张尕 350
难忘那篱笆楼 循化大庄 354

电达村

【寻找多弥国的影子】

沿着玉树通天河畔溜达，不小心就走到了玉树市仲达乡的电达村。在这个有着“中国传统村落”和“中国历史文化名村”双重头衔的村落里，我们找到了一些远古国度的蛛丝马迹——多弥国。

想要去多弥国旅游？好吧，就让我们带上护照，不！是度牒，来一次说走就走的穿越吧。

怎么回事？嘘，不要大惊小怪，我们现在已经踏进多弥国的土地，通天河怎么不见了？原来它那时的名字叫“滨犁牛河”。

古时三江源头皆为羌地，多弥国自然也和羌族有关，为西羌族，又被称为“难磨”或“南”国，与白兰、党项、苏毗等羌同源，多弥国的西南方向，就和苏毗国相连。传说多弥国遍地黄金，并且是商贸和军事要塞，因此它早已被其他强国惦记上了。

现在是大唐贞观六年，这个时间不一定完全正确，因为那时还没有战地记者，无法记录到具体时间，但可以肯定的是，在大唐贞观六年至显庆元年之间，强大的吐蕃征服了多弥国，与吐蕃赞普通婚和结盟的大家族那囊氏成为南部族首领，成为吐蕃“四方面王”之一。安史之乱后，吐蕃曾征调南部至西域一带防戍,所以 20 世纪以来新疆出土的藏文简牍中才有了“南茹”“南茹巴”的记载，其实说的就是多弥。

关于多弥国，在大唐“图书馆”里都有据可查,《新唐书》对多弥国有完整记载,《隋书》以及唐代杜佑撰写的《通典》等，都对多弥国有所描述。虽然如此，关于多弥国，仍有很多谜团待解。

其实,多弥国竟然是被英国学者 F.W. 托玛斯发现的。原来，在敦煌发现的古藏文卷子中，有一份是写于公元 8~9 世纪的，用古藏文书写的一种近似藏语而尚未确知的语言，经托玛斯研究，定名为“南”语，由此才揭开藏区东北这个曾经叫做“南”的国家。

好了，今天的一日游到此结束，让我们回到多弥国曾经的核心区电达村，慢慢欣赏它的美丽吧。

电达村地处三江源自然保护区腹地，高山峡谷间，河流密布，水草肥美，在这里，通天河畔古村落景观和西北高原自然景观得以完美结合，自然、人文景色堪称一流。

电达村东宝社有一座主供神山“巴结唯色”，奇峰林立、灌木葱茏间，隐藏有大量摩崖石刻。沿着山谷向山顶进发，在山谷内的石头或岩壁上，处处可见石刻的经文及佛塔、佛像，其中有很多大型摩崖浮雕被镌刻在悬崖峭壁上，成为藏传佛教石刻文化的一大奇观，极具观赏和研究价值。经世居当地的村民介绍，传说该摩崖石刻造像为莲花生大士来藏地弘扬佛法时，亲自开光加持的 180 座神山之一，且该山为大士开光加持的首座神山，因此，“巴结唯色”神山在藏人心中具有重要的地位。据当地民众介绍，由于该山是莲花生大士开光加持的首座神山，因此朝山的信徒应该首先朝拜此山，再去朝拜藏地其他神山，才能得到无上功德。据考证，东宝石刻从制作技法和造像风格及风蚀程度来看，应为明清时期藏传佛教格鲁派作品。如果你有兴趣，还能在电达村找到很多这样的石刻，那就需要到元根达社等地去看看了。

电达村还有一个比较神奇的地方，那就是“巴结唯色”山脚下的东宝宝塔。虽名为塔，实则是由一块块平板石块砌筑的塔形建筑物。据传说，此塔并非人力所为，而是天神建造的。

电达村南接康区三大集散地之一的结古多（即结古镇），北望白塔渡口，是当时隆宝部落的中心地段，自古就是兵家必争之地。民国二十九年（1940 年），与之相邻的扎武百户纠集马步芳所属马绍武骑兵欲侵占电达村土门达社区域，想以此为跳板，攻克隆宝，却被电达村的更秋昂加、当曲等人打得落花流水。

南宋时，电达村受囊谦部落首领管辖，因此，玉树唯一年代久远、保存完整且具有历史考古价值的近代藏区地方官员府邸——隆宝百户官邸就出现在了电达村。

隆宝百户是囊谦王（即囊谦千户，是管理整个玉树地区的官员）所辖三十员百户之一，管理五个辖区，即百热、隆多、隆美、拉扎、代塔百长，下辖隆宝镇，哈秀乡，仲达乡电达村、歇格村，结古镇甘达村、果青村以及巴塘乡上巴塘村、下巴塘村，上拉秀乡加桥村部分地区，称多县拉布乡各村、称文镇沿通天河各村等，实际管辖上千户。

隆宝百户官邸最初建于18世纪末，20世纪30年代因地震进行过一次加固维修，是一座以木结构为主体的藏式建筑，总占地面积约1200平方米。主体建筑为四层楼十九间，分客厅、寝室、厨房、卫生间、佛堂、粮仓、肉仓、牢房，先后住过六代百户。解放后，红星乡人民政府（为仲达乡政府前身）在此府邸办公。

隆宝百户官邸建筑有着康区藏式建筑风格和藏传佛教建筑文化特色，整个建筑美观大方，雄伟壮观，坚固耐用，设施齐全，是玉树藏区现存为数不多的古藏式建筑之一。

躺在通天河的臂弯里，相信你会产生诸多遐想，不妨让我们坐下来听听那个动人的故事：相传，雪山雄狮居住在电达村东方的雪山上，狮子的奶非常神奇，可以医百病、驱万恶。有一个名叫梅朵的姑娘为了人们不受病痛的折磨，只身前往雪山找寻雪狮奶。她经历了许多磨难和考验，终于找到了雪狮。雪狮被她的毅力所感动，答应每年除夕之夜将雪狮奶洒在每一条江河里，让所有人都可以得到雪狮奶的洗礼……

故事情节虽然简单，但还是折射出藏族群众天人合一和崇拜自然的理念。在电达村，噶布拉香山、巴结唯色山、格瓦达泽山、扎格伊西山、果叶色杰山、下吾日赤山、特惹美喀山、擦惹加杰山都是人们供奉的神山，并且极为奇特的是，很多神山还被赋予了生殖崇拜的神秘色彩。

如果你是一个旅者，肯定也是一个地道的“吃货”，在电达村，不仅有酥油奶茶、酸奶等常见的藏式美食，还有独特的“卓曾”“夏克”“蕨麻玛克”“泰”“巴杂日勒”“云卡索”等美味。你问我这些都是什么山珍海味？哈哈，只有等你到电达村做客时亲自品尝了！当然，如果你有幸来到电达村，还能看到当地特色鲜明的“卓”舞、“热巴”舞、“热伊”舞、“锅哇”舞和“拉强”舞。

多伦多

【龙界通往人间的出口】

走进仙境般的囊谦县娘拉乡，这里有一个中国传统古村落，它的名字就叫多伦多。

娘拉大峡谷幽深险峻，澜沧江上游扎曲穿流而过，犹如巨龙般飞腾着和多伦多村擦肩而过。是的，那不再是幻觉，确实有龙的影子从眼前掠过，因为这里是龙界通往人间的出口。

快看！有一个美丽的少女在向我们走来，她美若天仙，高贵典雅，她就是郭部落王国的公主郭·拉姆。

距离囊谦县约 80 公里的郭·尼达桑多依山傍水，周边被青藏高原极为珍贵的原始森林所覆盖，山脚下流淌着澜沧江一大支流郭曲，这块在多伦多村辖内的风水宝地，曾经是郭部落王国的政治、经济、文化中心，在这里已发现了郭部落王国及岭国时代的城堡、兵器、盔甲、遗骨等国家级历史文物。

时光回溯到10世纪中叶，郭·拉姆降临在郭部落王宫。郭·拉姆的父亲其实是龙王佐那仁泰，养父是郭部落王然洛丹巴坚赞。那么，郭·拉姆是如何从龙界来到人间的呢？

原来，大慈大悲的观世音菩萨为了普救人间疾苦，发愿让智慧佛母赴人间救度众生，并转生投胎到龙宫。当时，龙界正遭受严重的疾病传染，龙王为了解救自己的族群，特邀请莲花生大士前来治疗疾病。莲花生大士施以甘露，妙手回春，龙王为了报答大士的恩惠，给莲花生大士供养了许多奇珍异宝，可莲花生大士却拒绝了，而是要求龙王供养龙公主亚嘎泽丹，然后把公主带到人间，赐给了郭部落王然洛丹巴坚赞，改名郭·拉姆。

郭·拉姆公主出生在龙宫，从龙界来到人间的出口叫“曲度囊瓦亚莫伦”，位于澜沧江与其支流郭曲的交汇处，她在郭部落王宫长大。

郭·拉姆带给人间的宝物有十二部龙藏“露邦波德九尼”、龙帐篷“露扎腾秀贡古”、龙牦牛“露索珍莫快然”、龙金桶“赛索姆琼”。

后来，郭部落王国和岭国爆发郭岭大战，郭部落王国被岭国征服后，岭国众将将美若天仙、聪慧善良的郭·拉姆公主献给岭国君王森洛，之后郭·拉姆公主生下一个儿子，就是藏族群众人人敬仰的格萨尔王。

郭部落王国的女性服饰为囊谦地区所独有，较多地运用了水纹、云纹、龙纹、孔雀羽纹和花草纹样，还有日月星辰以及山的变形图案，简练生动，彰显奢华和雍容。这种艺术风格，主要源自藏民族早期的原始自然崇拜观念和信仰。

多伦多的阳光格外灿烂，这里没有机车轰鸣，更没有灯红酒绿，有的是安宁静谧、潺潺溪水、美丽传说。四面环山的多伦多无疑是一个世外桃源，但又是通往西藏的一条捷径，甚至村里的道路就连接起青海、西藏两地，村内建筑自然也融合了青海、西藏两地风格，土房、碉房、帐房交相辉映，形成了江源之地色彩斑斓的民俗画卷。

多伦多的碉房依山而建，用片石垒砌成方形小楼，形似碉堡，其色彩装饰也别具一格，在大片石墙上涂红或粉白，嵌上梯形黑框的小窗，楼层之间的楣檐上、墙外楞木上涂以朱、蓝、黄、绿、青等色，色彩对比十分强烈，给人以极度反差的视觉审美效果。建筑材料色彩的搭配也颇具特色，泥土的淡黄色、石头的青灰色或暗红色，楞木的五颜六色，使整个建筑好像一首古朴壮美的乐章。碉房随山势起伏，鳞次栉比，险山、巨石、碉房一片青灰色，一座白色佛塔耸立其间，彩色经幡凌空飞舞，远远望去，宛如一座城堡。

四川人不怕辣，湖南人辣不怕，多伦多人不怕咸，因为他们不缺盐。很难想象，多伦多村还深藏着一个古老的盐场。

多伦多盐场和世界其他地方的盐场都不同，盐水来自北山山腰上的一个泉眼，因此整个盐场北高南低，并依地势，把6.6万平方米的盐场分割成1000多个区块，一条条、一块块，宛如江南梯田，错落有致。远远望去，白色的盐田和山腰上红色的藏式民居相映成趣，勾勒出一派自然而古朴的田园风光。

多伦多盐场一直沿用古老、原始的晒制食盐的集体作业技术，从清代中晚期开始，定期召集当地村民，将盐水从北山上的盐泉引入山脚下事先整理好的小块台地盐田里,将盐田灌满，让盐水自然蒸发后晒制成食盐，然后将颗粒收集起来，用马驮到附近仓库，再销往各地。

多伦多盐场年产盐3500吨左右,20世纪六七十年代之前，曾是青、藏、川交会地带唯一盐产地，主要销往西藏的昌都、四川西部和云南西北部边远藏区，尤其是在西藏、四川等地颇受欢迎。近年来，由于交通日趋便利，再加上精制食盐的出现，多伦多盐场早已没有了往日繁忙、兴旺的景象，但其所产食盐因不受任何污染，且价格便宜，依然深受周边藏区群众的青睐。

多伦多村还是一个古兵站，相传最早是格萨尔大将的兵营。马步芳统治青海时期，多伦多村内又建起了兵营，当时屯兵约一个营。

如今，金戈铁马远去，一个美丽和谐的高原古村落，如同美丽的藏家少女，向我们发出了邀请：欢迎前来青海多伦多探秘！

也巴村

【青海最原生态的村落】

如果不是亲眼所见，很难相信囊谦县白扎乡也巴村会这么原始：藤条在这里发挥着巨大的作用，不仅编成的背篓畅销玉树地区，就连房屋也是用藤条建成的。

仿佛一下子回到了原始社会聚落。也巴村的原生态首先就体现在房屋上，这里的房屋根本不用打地基，即便在斜坡上建房也不会受任何影响，因为房屋全部由几根粗大的柱子支在半空中。

看到这里，就有不少人深感不解：几根柱子怎能承受住一座房屋的重量？别着急，接下来就要说到这个问题。也巴村人说是建造房屋，其实是在编织房屋：先打好木桩，构建出房屋骨架，然后用藤条编出墙体，内外用泥巴抹平，远远望去，俨然一座土坯房，这类墙体不仅自重轻，还有良好的抗震作用。这些房屋主要为明清时期所建，建筑较为集中，保存良好。

就大环境而言，也巴村同样充满原生态的味道。因坐落位置独特，借自然之条件，村落依山而建，形成了大山与村庄的完美结合。也巴村位于澜沧江水利风景区，四面环山，村庄建于半山腰上，因和西藏毗邻，建筑兼有西藏和青海的建筑风格。从古至今，村庄保持原有的建筑风貌及传统风格，其自然、古朴的美景，成为当地名副其实的原生态村庄，许多游客慕名而来。

背篓编制是也巴村原生态的传统技艺，也是其特有的手工产品，主要销往玉树各地，享有良好的口碑。

依山势而修的梯田也是也巴村的一道美景，充分体现了当时劳动人民的智慧和勤劳。下面咱们就去看看另外一种梯田——白扎盐场的红盐田。

来到白扎乡有两个“场”必看：一个是白扎林场，另一个是白扎盐场。说起盐场，有些人可能会不屑一顾：什么盐场没见过？就连囊谦县娘拉乡的多伦多古盐场也看过！您别说，白扎盐场和多伦多盐场是玉树两大盐场，但白扎盐场出产的却是红盐。世界上只有红颜，哪儿来的红盐？可别不信，到了白扎盐场您就明白了。

白扎盐场确实让我们吃惊不小，盐水从山上的盐泉引入山脚处如块块梯田的盐池，每个池子都变成赤红色，在阳光的照射下红得耀眼。白扎盐场采用的也是古老的制盐方法：每年春季四、五月和秋季九、十月，盐水经过七八天自然蒸发后就剩下红色的盐粒，铺了厚厚一层。这儿生产的食盐不仅口感好，还有治疗疾病的功能，尤其是治疗肠胃病效果更好，就连牛羊吃了也能治痢疾。白扎红盐曾远销西藏、印度、尼泊尔等地，在藏区占据很重要的地位。

那么，红盐到底是怎么回事？请听我一一道来。

3 亿多年前，喜马拉雅山从地下 5000 米开始隆起形成高山，硬是把一个偌大的海洋给赶走了。于是，地层中的矿物质与海盐经历了数亿年的高温挤压,沉淀并结晶成粉红色的岩盐，这就是被当地原住居民称为生命之盐的红盐。

红盐含有 70 多种细胞生存所必需的矿物质与微量元素，其绝佳的医疗和保健效果早就为人们所认知：唐朝的皮日休在《奉和鲁望秋日遣怀次韵》中写道："药囊除紫蠹，丹灶拂红盐。"宋代大文学家苏轼在《橄榄》一诗中云："纷纷青子落红盐，正味森森苦且严。"在《本草纲目》和藏医药史料中，也都有红盐的身影。

红盐一度被称为"盐中瑰宝"，只有皇家才能够享用。在藏区，则是历代班禅、达赖及活佛、贵族日常生活和特殊法事活动必用之珍品。

世界上拥有红盐的国家有五个，即尼泊尔、巴西、玻利维亚、巴基斯坦和中国玉树州囊谦县，但可达到食用级别的只有玉树。

最后，我们把此次行程的终点放在白扎林场。白扎林场总面积为 7.4 万公顷，从上世纪二三十年代就开始采伐，50 年代开始大规模开采，加上气候变化和病虫害侵袭，三江源区的森林面积至少损失了三分之一。从 1998 年开始，随着禁止砍伐令的实施，白扎林场的命运发生了根本转变，植被逐渐恢复，有些地方林木太密，人根本钻不进去。都说“林子大了什么鸟都有”，就连狼、棕熊、猞猁、麇鹿、麝、白唇鹿、藏马鸡也多了起来，甚至还发现了雪豹的踪迹。

拉则村
【人间最美仙境】

来到玉树市安冲乡拉则村，我们相信了人间仙境的存在。

大地似乎在拉则村皱了一下眉头，又或许是微笑时在这里留下了鱼尾纹，反正拉则村的地貌就变成了一个个褶皱。于是，这个被尕莫扎宫山、英周俄毛山、青梅扎南山、阿尼卡占山包围的传统古村落，完全远离了世俗。

来到拉则村首先要游览的就是隆庆寺。1260年，元世祖忽必烈登上帝位后，尊萨迦派五尊之一的八思巴为国师，授以玉印。八思巴受封国师后返回萨迦，三次途经玉树。要问为什么去西藏要途经玉树？因为玉树自古就是唐番古道的中间站，文成公主、大唐玄奘都是从这里进藏或前往西域的，至今玉树通天河畔还留有大唐玄奘的晒经石。

八思巴途经玉树也没闲着，创建了很多萨迦派寺院，或者将许多寺院改宗为萨迦派。八思巴的弟子噶阿尼旦巴奉其旨意，约于 1270 年创建了今安冲隆庆寺。“隆庆”为藏语音译，意为大象。隆庆寺得名于寺院所在的隆庆山状若大象。

拉则村隆庆寺保存的八思巴佛像，所用材质极为稀有。据说八思巴圆寂前，将稀有珍贵的矿物质存放在一座法屋里，后来自然形成了一尊八思巴自身像。当时，拉则村有一大户人家，户主叫南美嘉，是虔诚的佛教信徒，每年向八思巴进献大量上供宝物，故八思巴在圆寂前留下遗嘱，将自己的自身佛像赐给南美嘉。南美嘉家族将此佛像供奉在拉则村隆庆寺中，保留至今，成为该寺的镇寺之宝，属于国家一级保护文物。

据说与该佛像相媲美的佛像世界上仅有两尊。

拉则村还有一个神奇的故事：隆庆寺曾有一位修行僧，长期在该寺闭关修行，圆寂后火葬，经过三天三夜，头盖骨仍未烧尽，后将该头盖骨供奉在隆庆寺的主殿中，头盖骨上慢慢显现出六字真言中的第一个字，即“唵”字。至今，前来朝拜此舍利子的信徒络绎不绝。

离开隆庆寺，接下来游览莲花洞。据说该洞是莲花生大士在藏区达里弘扬佛法时，在拉则村赤须沟的一个山洞里闭关修行七天七夜，后人遂将此洞称为莲花洞。

接下来就去看位于拉则村赤曲沟内的勒措泉水。这里的泉水冬季不结冰，离泉眼不远处形成一个池子，水池周边有高三

至六米的瀑布。据说，离泉水约八百米的地方，住着一户特别有钱的人家，有一天勒措泉水的池子里出现了一条巨大无比的白蛇，白蛇的头快要伸进这家的黑帐篷，而后半个身体还在泉水里游动。这时有一个人拿着空背篓走出了家门，白蛇看见空背篓就缩回了池子里。按照当地的说法，白蛇其实是想给附近的住户赠送龙宫的财宝，不料却发现有人拿着空背篓，所以就特别不高兴，什么也没留下。

旅游就是游山玩水，拉则村不仅水美，山也煞是好看，因为时间关系，我们就先去最为著名的赤曲邦日山转一转。据说赤曲邦日山是附近众山之王，统管着周边一切的善与恶。既然是王，就得有王后，附近的拉岗山就是赤曲邦日山的王后，塞布耐德是王子，代日让让是大臣，还有前后左右四个护法：仔吾嘛布、药日夏尼、要果拉则、让布求药，王妹是青梅才仁，侍从则是看卓琼桑，守卫是桑珠达泽等。

跋山涉水累了？那就去泡温泉吧。历史上，在拉则村有两处温泉，据说能治百病。旧社会康巴藏区的官员、富户人家都慕名而来泡温泉治病，并要求拉则村农牧民无偿提供马料、食宿、燃料等。久而久之，该村农牧民不堪重负，无奈之下将两处温泉用石头填埋,使其无法使用。不过两处温泉遗迹尚存,有待开发利用。

拉则村的选址颇具匠心，虽说地处山谷之中，但由于村落位于拉则朵，地形比较平整、宽阔，伊曲河与赤曲河相融于此，对于农牧相结合的村社，地理位置非常优越。三面环山，东有龙青山，南靠赤曲邦日山，西近青毛扎南山，北靠阿尼卡占山。南面赤曲沟连接着各大名山，适合放牧；东西面开敞，又是通商要道。依山还要傍水，拉则村依托两面的山脉，面向伊曲河，形成背山面水的传统村落布局。拉则村沿着山脚一直延伸到伊曲河旁，形成“山、村、水”的自然空间格局。

拉则村有藏传佛教寺院等宗教建筑、民居建筑，有林地，有曲折的巷道和苍老的古树，依山脉而建的村落，内部巷道走向及古建筑的布局都体现出藏族村落的特征。

走进拉则村，最壮美的还属藏式碉房。在拉则村深山峡谷地带，随处可见用石块垒砌的形似碉堡的碉房，共有 100 多户。碉房依山脚而建，鳞次栉比。石墙上窄下宽，呈坡状，皆为长方形平顶建筑。较大的碉房，一楼通常隔成两大间，二到三楼每层隔数小间。从一楼到三楼，均留有一较大的方孔，下设一木梯，供人上下。楼顶亦有一个仅容一人上下的方窗，以供纳凉、瞭望或晾晒东西出入方便。内墙多糊有泥巴，门框、门扇亦多彩饰。老式碉房的结构和装饰大都比较简单。自 20 世纪 80 年代以来修建的碉房，窗户更大，而且无论几层，向阳的一面大多留有阳台，周围用石块砌出一米左右的拦墙，用于晒太阳或纳凉。

砌石建房有很多讲究，首先，石料要好，不管片石、块石，石质要坚硬，形状要方正。其次，也是最为重要的，加工技术要好，由能工巧匠砌墙垒石，不仅内外墙面齐整如镜，墙体也结实，石头交错相压，墙两面的石头向墙心聚力。如果要盖楼房，还要讲究墙体从根基逐渐向顶部收缩。拉则村的石砌碉房凝固的是悠久建筑历史文化的精髓。

到人间仙境一游，怎能少了美食？在拉则村，你可以吃到最地道的糌粑和风干肉，还有一个你可能从未吃过的，那就是芫根。芫根具有补氧作用，吃法有三种：把芫根洗净后用肉汤或蕨麻汤熬煮，至汤熬干，再把芫根晾干食用，称“央卡色”；把整块芫根和牛羊肉一起煮熟食用，称“冷布”；把芫根切成小块与牛羊肉熬成糊状的汤一起食用，称“芫浩”。

【人间仙境有两位仙子】

英群 英达

离开人间仙境拉则村，走向探访通天河畔一对“好姊妹”的道路，其实就是拉则村的两个社——英群和英达，她们就像是拉则村这个人间仙境中的两位仙子。

隆宝镇向西北三公里，有一个小山头叫英那底勒，藏语的意思就是一座小山丘。沿着这个山头流过一条大河，人们都称它为伊曲河，这条河最终流入通天河。在这条河流的末端有个村庄，那就是英达，英达藏语的意思就是水的末端；再往上游一点儿，就是英群。

关于英达名称的由来，还有一个版本：有一个村民在村庄对面的山上捡到一把玉石斧头，玉石在藏语里叫英，斧头叫达日，合起来叫英达。之后这个村民变得很富有，担当了很多寺庙和活佛的供奉者，时间久了人们就把这户人家所在村庄叫做英达。

英达村有一个传奇人物叫金次南杰加，是英达“僧增山神”的儿子。他身怀绝技，天生神力，曾经从龙宫里取出百年红檀香木作为石砌碉房的梁柱。为造福当地百姓，弘扬佛法，驱除邪魔，他还建造了英达嘛呢石堆，这些嘛呢石堆巨大无比，二十几个青壮年合力也无法搬动，但金次南杰加不费吹灰之力就能举起巨石，在上面凿刻嘛呢经文，并且为了镇住通天河中的妖魔，发功将刻有经文的巨石扔向河中，将其压在巨石嘛呢之下。

英群村同样独具特色，位于村落南面山坡上的拉毛多杰伊忠遗址也大有来历。据传，拉毛多杰伊忠是莲花生大士的护法神。莲花生从古印度来到藏区降妖除魔时，地母十二尊中的一位被特派到德格俄达做护法神，但因前世的祈愿和因果，却遗落在英达措中，措在藏语就是湖的意思。之后，当地一位修行者挑水时发现一个巴日，巴日在藏语中指盛糌粑等的坛子，便把它带回修行房，打开后发现里面躺着一个美女。修行者惊问：“你叫什么？来自何方？”那女子答：“我是莲花生大士的护法神，名叫拉毛多杰伊忠。这是何地？”修行者答道：“此地英达。”女子又问道：“我坐哪儿？”修行者指向自己磨茶的石磨，那女子就坐在了石磨里。此后该石磨被称为拉毛多杰伊忠石，而修行者的僧舍就成了现在的拉毛多杰伊忠遗址。

英群村还有一个格萨尔修行洞，位于英群西北一公里处的陡峭山崖体中。几个洞口直径从 2 米到 10 米不等，地面到洞口的

距离约为 30 米。据悉，以前沿着山面的土层可以进到洞内，而洞内有土灶等众多生活遗迹。

在距离英达村 12 公里处有一片柳树林，时有走兽出没。整个柳树林就像是一幅油画，一望无际，向四周延伸，置身其中让人有超凡脱俗之感。穿过柳树林登上高处，沟壑山岭一览无余，隐没于柳树间的藏族人家飘起袅袅炊烟……

英群、英达依山坡而建，因紧邻通天河，水源充足。由于这个村庄之前属于安冲百户的管辖和藏传佛教萨迦派的管区，建筑选址和设计都彰显出当地文化特色，所有民居面南建造，东西两头没有高山遮挡阳光，晨光贪早，黄昏晚临，日照充足。在这里，我们也看到了让人怦然心动的藏式碉房。

英达藏黑陶曾是安冲百户时代的贡品，在历史发展中，英达藏黑陶一直留存在当地藏族的文化、宗教活动中，至今仍有专门从事烧制黑陶的艺人。藏黑陶所用的土和藏药石，都取自英达村。藏黑陶在过去完全是手工盘制，用牛粪烧窑，现在仍然沿用这种传统制作工艺。

玉树地区被称为歌舞之乡，这里的藏族群众会走路就会跳舞，会说话就会唱歌。而英达村民的伊舞跳得别有味道，和其他地方的藏舞大有区别。伊舞唱词中有这样一段："此地神山众多，神力甜如甘泉，英达措加拉措，伊占拉姆天尊，多杰灵巴得护法。"这是对本地的赞美，这样具有区域特点和环境描述的歌舞在玉树乃至整个藏区都极为少见。

安冲藏刀历史悠久、选料考究、式样独特、工艺精致、美观大方，具有鲜明的民族风格和地域特色，是玉树地区特有的藏刀品牌，在藏区享有盛誉，其制作史可追溯至500年前。

安冲藏刀选材考究，一般用金、银、红珊瑚、绿松石、鲨鱼皮等贵重金属、珠宝镶嵌加工。普通藏刀多用白铜、黄铜、铁等，虽然也讲究工艺，但费工少，比较简约。

男刀造型笔直、简洁、明快、大方;女刀造型小巧、精致、玲珑。刀鞘、刀柄上的纹饰多为龙凤、花草、波纹等，既神秘又华美。这些纹样精致华美，镌刻深浅不一，立体适度，粗中见细，构图大方，由此形成了玉树安冲藏刀粗犷的形制和大气的风格。

查同社

【这里也有座「赵州桥」】

有些风景不是用来看的，而是用心灵来听的，玉树市安冲乡结拉村查同社就是这样的风景。伊曲河流过查同社时，便奏响了贝多芬的《命运交响曲》，这“音乐”以排山倒海之势，汹涌澎湃地敲响了命运之门。伊曲河水时而暴涨，河上的很多桥便会被大水冲毁，唯独查同桥一直安然无恙，这不得不说是一个奇迹。查同桥修建于 300 年前，当地民间传说该桥修建在龙爪上，所以几百年来无论河水如何暴涨，其他桥梁全部被冲走，查同桥依旧横跨于伊曲河上。经测量，该桥长 22.5 米，宽 2.5 米，与水面的距离为 3 米。该桥修建工艺特别高超，桥墩底座用石板砌成，底座四周用木桩加固，桩与桩之间的距离、弧度非常精妙，桥梁两头用柏木逐层叠压往桥梁中间延伸，但前后左右、桩与桩所有衔接处没有用任何铁制材料加以固定，基本上都是用牛角、羊角代替铁钉，但整座桥梁特别牢固。就建筑工艺和注入的智慧而言，查同桥完全可以和赵州桥相媲美。

“查同”藏语语意是盐碱地，因为查同社土质含碱量比较高，拥有丰富的盐碱矿物。解放前，当地村民都用查同的盐烧茶煮饭，当地的牛羊因为经常舔食含盐量比较高的土，故肉质鲜美可口，煮牛羊肉时也无需再放盐巴。

查同的盐不仅满足了当地村民生活所需，同时也可以与纯牧区和农业区的群众进行贸易交换，比如说用当地盛产的盐与治多县牧区盛产的酥油、曲拉等进行交换，与周边农业区交换青稞等农作物。查同社的盐碱地气候不同，盐产量也不一样，一般夏季被雨水稀释而产量不高，冬季产量要高一些。

查同社选址具有传统村落的特点，生产生活极为方便。查同社主要分布在伊曲河以南的山坡上。村落中心有嘛呢石堆、村民诵经礼佛的经堂和东西走向的巷道。这条巷道非常了得，南北长 2 公里，宽度在 7 米左右。玉树灾后重建时，查同社的新村除少部分规划在老村落西面外，绝大部分规划在东面伊曲河以北，所以伊曲河南面与北面形成了鲜明的新旧对比。

查同社最具代表性的名山是阿扎山、杂雄山，但想要爬上去几乎不可能，只能仰望其雄姿了。不过查同沟倒可以一去，这条长 20 公里的山沟中有河，河畔有树，还生长着各种灌木，盛开着野生郁金香、格桑花、羊羔花等，山清水秀，鸟语花香，沁人心脾。

很多人都知道，寺院一般都建在半山腰上，但查同社的嘎措拉宫经堂却建在了村落中，经堂没有专门的院落围墙，皆以天然石板砌成，结构美观大方。

查同人的热情好客那是没得说，凡来往过客，无论相识与否，只要你推门而入，主人就会给你熬茶，端出酥油糌粑供你食用。主人在端饭、斟茶、敬酒时都会双手平端，表示礼貌，放在客人面前的茶，随喝随添，常饮常满。在这里还需注意，敬酒须敬三杯，“三”在藏族群众心目中是一个非常吉祥的数字，意为给客人带来吉祥。客人接酒后，应先用无名指蘸酒向天际弹酒三次，表示向佛、法、僧三宝致意，前两杯分别喝两小口，第三杯要一气喝干。在正式场合，主人自己不吃，站在一旁弯腰恭请，谦逊备至。迎接远道而来的宾客，还要准备哈达、美酒，前往一定距离的路程恭迎客人，待客人到来，献上洁白的哈达，敬上香醇的美酒，同时高唱祝福、吉祥、欢乐的敬酒歌，场面热情温馨，使客人一路辛苦瞬间消失殆尽。这些礼仪反映出藏族人民纯朴自然、热情真挚、率性大方的民族性格和悠久的传统文化。

到了查同社这样有着高山流水意境的地方，我们应该融入当地藏族群众的生活，和他们来一场“达泽惹泽”。“达泽惹泽”翻译成汉语就是虎跳豹跃，是藏族人民在日常生活中通过观察动物习性，将其与游戏融为一体的一种非常有趣的民间游戏。游戏规则简单、易学，不受场地限制，老少皆宜。

虎跳豹跃以六块石头（或牛、羊骨头）为工具，击打二十米以外的六个靶子，每个靶子后面标有一种游戏，分别是虎靶、豹靶、人靶、狗靶、羊粪蛋靶、小臂靶。击中虎靶，要在原地学老虎向前跳跃一次，落脚点为下一次投石点；击中豹靶，要在原地学豹子向前跳跃一次，落脚点为下一次投石点；击中人靶，要在原地向前卧倒，以头部落地点为下一轮投石点；

击中狗靶，要学习狗卧姿势，双手放置位置为下一次投石点；击中羊粪蛋靶，游戏者将干羊粪蛋含在口中向前吹抛，羊粪蛋落地处为下一轮投石点；击中小臂靶，击中该靶的游戏者，以自己的小臂长度向前丈量九次为下一轮投石点。最先打倒六个靶，或在规定的投掷次数内，距离靶最近者为胜。

如果你觉得虎跳豹跃这个游戏还不过瘾，那就一起来“夏卡德”。“夏卡德”是当地牧民群众由日常生活中用绳索套牛马演变而来的游戏：通常用木桩或其他圆柱形物体作为套索环的目标，游戏者手持长绳在规定距离、规定时间内，套中次数多者为胜，或在规定次数中，套中多者为胜。这里得提醒大家，这可不是公园里玩的套圈游戏，参赛者与靶的距离一般为 50 米，当然，也可根据选手平均水平适当降低难度，缩短距离。

除此之外，查同社还有北嘎（藏式摔跤）、射箭、朵加（抱沙袋）、乌嘎（用牧鞭抛掷石头）、赛马等民间体育运动，这些难度都很大，尤其是朵加游戏，比赛用的椭圆形石头重约 150 公斤，表面还要涂抹酥油以增加比赛难度，参赛者须先将石头抱至双腿，再举起到肩头，然后从肩背放下才算成功，或者将石头抱起绕场一圈，以所抱石头的重量分出胜负。

比赛完去查同温泉泡一下解解乏吧。查同温泉不远，地处离查同社 1.5 公里左右的查同滩，温泉周边山上植物茂盛，春夏之际，山花争艳、百鸟欢唱、苍翠幽静、风光宜人，不时还能看到马鹿、岩羊、藏羚羊、雪鸡和麝等珍禽异兽。查同温泉并不是一个温泉，而是一个温泉群，它们的温度各不相同，都富含多种微量元素，据当地人讲，对各种皮肤病、胃病、风湿性疾病有特殊疗效。

卓木其

【青海高原的长寿村】

在玉树通天河畔，有一个名副其实的长寿村，它就是称多县尕朵乡卓木其村。卓木其周边气候湿润，空气清新，含氧量高，在此居住非常舒适安逸，村里长寿老人很多，他们虽然年逾百岁，却依然精神矍铄、神采奕奕，在自家院落里静静地雕刻着石像或嘛呢。

通天河从这里缓缓流过，卓木其村就坐落在河畔东岸，村里有著名的格秀经堂、宗教壁画等遗址。村边有山泉，可供村民生活用水。站在通天河畔，一眼就能看到卓木其村，因为村里的很多藏式碉房都建在高高的山坡上。

卓木其碉房均为石板、石块砌成，多为两层，下养牛羊，做畜圈，上为村民的住房。到卓木其村的碉房做客需万分小心，因为光线差，屋子里很暗，生人进屋需闭目片刻再静视，方可辨清房内路径、木梯，否则很容易发生“碰撞事故”。不过也不用过于担心，木梯上有手拉的皮绳，这对小孩、老人、生人尤为必要。

卓木其村又叫“格须卓木其村”，是因为村里有一座原始宗教场所的经堂叫“格须”。

通天河畔有个晒经台，据说是当年唐僧师徒晒经的地方。通天河注定和神佛有缘，最为闻名遐迩的是壁画，沿岸共有三处古老壁画：一处是尕朵乡克麻村的文殊菩萨像，另一处是尕朵乡卡吉村的金刚手，再就是卓木其格须经堂的观世音菩萨像。“文革”后,这三处古老壁画仅存格须经堂的观世音菩萨像，其他两处被破坏殆尽。

在卓木其村，一年一度的糌粑节让人流连忘返。

每年农历三月二十二日（藏历二月二十二日）这天就是卓木其村的糌粑节。家家户户都要提前准备好青稞炒面，也就是藏族群众说的糌粑。假如你是第一次来卓木其村，肯定会以为这些青稞炒面是热情的卓木其村民用来招待自己的。没错，这些青稞炒面就是招待远道而来的贵客的，不过不是让你吃的，而是往你身上撒的。

卓木其村的糌粑节是一个狂欢节，这个节日非常有趣，节日当天，无论男女老少，只要一见面就会用青稞炒面一阵狂撒，不一会儿每个人都成了“白面人”。村民们认为，抛撒的青稞炒面越多，这一年就越吉祥、越如意。青年男女互相抛撒，是祝福爱情甜蜜幸福；晚辈给长辈抛撒，是祝福老人健康长寿；长辈给晚辈抛撒，是祝福晚辈健康成长；给学生抛撒，是祝福孩子学习进步；给商人抛撒，是祝福其生意兴隆……

不过，因为青稞炒面比水贵得多，撒多少也有一个度，这个度根据上一年青稞的收成而定：收成好，就抛撒得多，反之就抛撒得少，甚至在脸上或衣服上抹一点儿就作罢。

和糌粑节同步进行的还有祭祀“神鸟”活动。卓木其村自古就是茶马古道的重要驿站，每年藏历二月二十二日这天，马帮驼队就会来到这里搭建帐房开始经商。这一天，通天河冰面融化，岸边草木萌芽，预示着一年一度的春播即将开始。按照苯教的传统习俗，春播开始前要举行隆重的春播祭祀仪式：一是祭祀白雄鸡（藏语称“夏尕布”），二是撒青稞炒面。久而久之，在卓木其就形成了糌粑节和祭祀“神鸟”这样独具特色的民俗文化。

农历三月二十一日，即藏历二月二十一日，卓木其村就派人到村后神山上把上一年祭祀的白雄鸡架子迎请回格须经堂，然后用白色的干净羊毛扎在架子上，做成一个巨大的栩栩如生的白雄鸡模型。

当地人认为白雄鸡是一只神鸟，掌管着尕朵觉沃神山财富库房的钥匙。传说藏传佛教四大神山（西藏的冈仁波齐、云南的梅里雪山卡瓦格博峰、青海的阿尼玛卿山和尕朵觉沃）在分工时，尕朵觉沃神山分管藏区的财富。为了管理好这些财富，尕朵觉沃神山经过缜密考虑，选用了“为政清廉、一尘不染”的白雄鸡掌管财富库房的钥匙。人们祭祀了白雄鸡，它就会打开财富库房，取出一定的财富发放人间。春播时祭祀白雄鸡，就是期望白雄鸡保佑卓木其村风调雨顺、五谷丰登、财源广进。

农历三月二十二日，即藏历二月二十一日，装扮一新的神鸟被放在经堂正中,墙边用小石板搭建的十二个“人”字形“房屋”也放得整整齐齐。中午12点，法师奏响法器，念起咒语，村民们或坐或立，静静聆听。诵毕，经堂里的男人们就把神鸟抬起来向空中抛去，边抛边高喊“噢——嘿嘿——”。这时，经堂内的所有女人全部退出去准备糌粑节的活动道具——青稞炒面。之后，两位男青年抬着神鸟走出经堂，其他男人簇拥着出村向后山祭祀点奔去。

从格须经堂到后山祭祀点有两公里多的上山路，尤其是后一公里的山路比较陡峭，抬神鸟的小伙子们只能在中途特定的一块大石头上休息一会儿，其他任何地方都不能让神鸟挨地。到了祭祀点，他们把神鸟放置在神坛上，接着在神鸟前的煨桑台煨桑，并在后山拉起经幡，所有到场的人不断地向空中抛撒“龙达”，“索——索——索”的欢呼声响彻山野，祭祀仪式完毕后，落满“龙达”的山岭如同彩色花海一般。

吾云达

【青海也有「泼水节」】

和卓木其村相邻的是吾云达村，它们就像一对孪生兄弟，无论从村落选址还是房屋建筑，你都无法将两个村落区分开来，还有一个共同点：长寿老人较多。但同为中国传统村落的它们，还是有些许差别的，卓木其村糍粑节上抛撒青稞炒面，吾云达村则有实实在在的“泼水节”，这很容易让人觉得是到了西双版纳。

吾云达村传统祭祀泼水节一直不为外界所知，直到第四批中国传统村落申报调查时才被发现。据考证，吾云达村的泼水节起源于原始农耕时代，在藏历四月八日举行，全体村民都要参加，载歌载舞，虽然与卓木其村的糌粑节有异曲同工之妙，但吾云达村却显得低调很多。

在原始的农耕时代，吾云达村里的山涧清泉被改为河渠，以供农田灌溉之用。灌溉完毕，村里人开始休息聊天，一溜儿坐在田埂上，家长里短，有说有笑。突然有好事者用泉水“偷袭”别人，有可能是村里热恋当中的男女青年,他（她）们向对方泼洒泉水,以此取乐。谁也没有想到，这么一个小小的举动，后来竟演变成一个祭祀泼水节。阿爸给阿妈泼水，爷爷给奶奶泼水，少的给老的泼水，老的给少的泼水，老婆给老公泼水,老公为了“报仇”又给老婆泼水……直到将对方全身泼湿方肯罢休。

泼水娱乐活动结束后，村里有歌声嘹亮者，为大家助兴献歌一曲，有舞姿妙曼者，还为歌手伴舞一段。一曲终了，有意犹未尽者大声疾呼：“再来一曲要不要？”“要！要！要！”全村人早已抑制不住内心的期盼大声附和。

演唱者在大家期盼的欢呼声中，再次来到场地中央，继续为大家献上山歌。那纯粹的原生态唱腔、直抒胸臆的歌词以及河畔孕育的美妙声音，时而欢快、婉转，时而凄美、感人……那响彻四方的民歌一曲接一曲，你方唱罢我登场，歌舞比赛由此开始，就像过节一样热闹非凡。从此以后，吾云达村的泼水节便一直流传到今天，只要到了藏历四月八日这一天，村里人无论在何方，都会赶回来齐聚吾云达村，与亲朋见面，与老友相聚……

吾云达村也有祭祀神鸟的活动，村里至今依旧保存着三只祭祀的神鸟。但和卓木其不同，吾云达村的这种祭祀并非属于全体村民，仅仅是主人祭祀神鸟。

关于吾云达村祭祀神鸟的来历，还有一个美丽的传说：在很久很久以前，从遥远的西方佛国印度飞来三只大鹏鸟，这三只大鹏鸟在飞到通天河畔时，端端儿落到一户贫困人家的房顶上栖息。主人怎么赶也赶不走，即便一时飞走了，过几天又会飞回来，还是落在他家房顶上栖息。主人只好作罢，不再赶它们走，还拿出原本就不多的青稞等粮食来喂它们。

转眼间一年就过去了，他家的家境慢慢好了起来。这三只大鹏鸟一直陪伴着心地善良的主人，主人也好生相待，就像照顾自己的孩子一样照顾这三只大鹏鸟。

几年后孩子们也慢慢长大了，各自成家立业，经商的老大有收入，种地的老二有收成……总之一切都非常顺利，儿孙孝敬父母，妯娌相处融洽，一家人过着其乐融融的日子。直到有一天，这家的男主人因病去世，三只大鹏鸟也跟着悲伤地离开了这个世界……

为了纪念这三只大鹏鸟，女主人便把它们的尸骨安放在家里最好的位置，以供祭拜。每年四月份春播时节，她们一家人便要起个大早，换上净水，虔诚地祭祀这三只大鹏神鸟，感恩它们带给她们家的好运与福报。这种祭祀活动时至今日还在继续。

吾云达村的选址与格局有其自然属性，先民们将住所选在通天河畔避风、朝阳、低洼、缓坡处建房，这样不仅采光好，还能呼吸到通天河畔的清新空气，难怪村里会有那么多长寿老人！吾云达村坐落在通天河拐弯处的半山坡上，依山而建，择水而居，错落有致，位于东南方的原始山谷，又恰好起到天然屏障的作用。村落这一整体布局，体现出人们对自然条件的顺应和巧妙利用，在防洪、防旱以及农耕、畜牧、狩猎、采捕、生活等方面都带来了便利。

吾云达村边上还有难得的白杨树林，据村里老人回忆，是从拉布寺运来的树苗栽种而成的，已有上百年的历史。称多地区原来只有少量的柏树，1937 年班禅大师前往结古时，只在歇武沟内距通天河不远的路边见到三棵树，这是他们离开湟源后第一次见到树。因为稀少，高原上的树林成为一道独特的风景。如今的吾云达村不仅长有参天大树，还有了白杨树苗圃，这虽然比不上西双版纳的绿，但至少已经是玉树的“西双版纳”了！

扎哈村

【牛背上的传统村落】

这是我们探访的最为独特的一个传统村落，就算放眼全国，也应该是唯一一个牛背上的传统村落，随着四季变化，在牦牛的背负下，整个村落不断迁徙。这就是称多县清水河镇扎哈村。但对于一个古村落的探访者，如何讲好扎哈村的故事确实遇到了前所未有的难题，也只能从扎哈村的牦牛帐篷说起。

扎哈村人从未离开过自己的牦牛帐篷，即便去巴颜喀拉山和阿尼湖举行隆重的祭祀神山和圣湖活动，也要用牦牛驮着帐篷前往，在那里搭建起一个庞大的帐篷城。

在扎哈人看来，他们的村落就是这些牦牛帐篷。因此，村落并不是一个固定的概念，而是流动的，这种流动几乎都是在牦牛背上完成的。牦牛是高原之舟，它们悠闲时是点缀草原的风景；在转场时，它们就是承载牧民家庭的坚强的跋涉者。

移动的传统村落，将传统村落保护对象的内涵予以延伸，使其不仅仅拘泥于固定场所的固定建筑，而是针对扎哈村特殊生活方式所产生的民居提出的一种保护概念。这也成为特色地理环境滋生出的独特的畜牧业生产景观，成为青藏高原地域文化景观形态的重要组成部分，使高原景观格局中传统的自然山水资源增添了更多的人文色彩，体现出高原景观格局的多元性。

不过，关于这些深奥意义的探讨，还是交给专家们去讨论吧。现在，我们把目光拉回到扎哈村的牦牛帐篷上。

要想在扎哈村找到帐篷民居，有一个很简单的方法，那就是往水草丰美的山坳去，没有人会傻到把帐篷扎在风口。扎哈村牧民采用牦牛毛编织的帐篷，在体量、色彩、造型上保持了与自然高度和谐统一，在自然形成的天际线之间，羊群、牦牛、马队和三五个帐篷相拥点缀在绿色的草原上，形成人与自然和谐共处的游牧生活景观。

扎哈村的牦牛帐篷多为黑色，一顶牦牛帐篷一般可容纳六七个人。帐篷厚重，故防风、防寒、防雨、防晒性能强，且耐磨耐熏，经久耐用。牦牛帐篷的主要材料是牦牛身上最粗的黑色的毛。在今天的扎哈村，牦牛帐篷已经发展为具有多重功能的建筑形式，除原有的居住功能外，还兼有公共建筑的功能。当地人将牦牛帐篷建造规模扩大到 300 平方米左右，用来作为公共活动空间、展览空间等。

牦牛帐篷的门大多朝南，帐内两根立柱之间的中心线是砌筑灶台的地方。入帐以灶为界,右侧既是妇女操持家务的厨房，又是居处，背水、盛奶、打酥油的桶和锅、水壶等用具与干牛粪都堆放在这一边；左侧既是客厅，又是男人的居处。在较大的帐篷内还附设有小保管室。

灶后立柱至帐幕后围之间正中为家庭供奉佛像的位置，通常都是在藏式木箱上设佛龛，内供铜质佛像，龛前一字儿排开酥油灯和铜质净水盅以示敬神。酥油灯每天添油一次，昼夜通明。进餐时以男左女右为序，按序入座。帐外立杆高悬经幡，当地人认为有驱疫辟邪之用。

牦牛帐篷四周缝隙处，常以草块、土坯或牛粪饼垒成矮墙，上面堆放粮食（青稞）、酥油口袋、衣物等。让我们想不到的是，扎哈村的牲畜也能享受到高规格待遇，圈舍也采用帐篷形式。

青海有三宝：风吹沙了满地跑，房子顶上能赛跑，牛粪砌墙墙不倒。在青海牧区，牛粪是宝，牧民家的围墙都是用牛粪砌成的，即便有院墙，外面也要用牛粪饼贴满。进入冬季，牛粪就是最好的燃料，燃烧后的灰又会成为草场最好的肥料，这就是最原始、最朴实的生态循环。

牛粪还能做什么？说出来也许你不会相信，牛粪还可以做成艺术品。在扎哈村，牛粪还可以做成帐篷，可以雕成佛塔，可以做成一幅栩栩如生的藏獒绘画作品，还可以圆雕成一头牦牛……在牧民和民间艺术大师们的手中，牛粪无所不能，以至于现在牛粪艺术节的名声快要超过赛马、赛牦牛了。

说起赛马，扎哈村的牧民都是赛马高手。参赛者中以少年居多，骑手身穿轻便服装，或披发，或戴帽，或头扎白布，在10公里的赛程内，几十匹骏马竞相奔驰，一决胜负。扎哈村的赛马同现代竞技赛马最大的区别是,参赛的马均是无鞍骏马。

赛马的过程中还要比赛马术，这是一项技巧性很强的马上运动，包括骑射、飞马拾哈达、敬献青稞酒等。参赛者头戴大红帽，身着民族盛装，骑着由哈达、羽羚及铜铃装饰的骏马，在一面黄旗的引导下，纵马绕场一周向观众致意，然后在飞驰的马背上做行礼、仰卧起坐、左右转身、左右弯腰、倒骑马背等各种惊险动作。骑射是在相距五十米处各放置一个红底黑心的靶子，由射手高举火枪射向第一靶，然后迅速将火枪背起，左手取弓，右手抽箭射向第二靶。飞马拾哈达是骑手身跨马背一侧，在骏马飞奔中将跑道上的哈达拾起。敬献青稞酒由三名骑手组成，第一名骑手在飞奔的马背上将酒杯放在跑道上，第二名骑手高举酒壶飞马斟酒，第三名骑手飞马将酒杯从地上端起来，然后敬献给受尊敬的人。

班前村

【青海高原上的红色足迹】

红军长征是人类军事历史上的奇迹和壮举，留下了一个个可歌可泣的传奇故事。然而很少有人知道，红军主力曾经在青海省果洛州班玛县驻扎，在这里留下弥足珍贵的红色足迹。

班玛县是红军长征唯一经过青海的地方，而班前村就是当年的红军驻地。然而鲜有人知道，当时抵达青海的竟是红军主力，朱德、李先念、任弼时、贺龙等开国元勋都曾坐在班前村的草地上筹划行军路线。

沿着玛柯河向南前行，不知不觉就来到了位于班前村南面的红军桥。这座桥是一座悬索吊桥，桥长约 50 米，宽约 3 米，东西横跨玛柯河。

1936 年 7 月，由李先念率领的三十八军八十九师、红军骑兵师、红军总部五局组成的先头部队，由朱德、张国焘、任弼时率领的红四方面军三十军、红军总部组成的北进部队，以及由贺龙率领的红二方面军总部、二军等共计三万余名中国工农红军，进入班玛筹粮休整，联合动员当地藏族群众与马步芳军阀奋勇激战，粉碎了国民党、马家军堵截红军的意图，红军顺利北上进入四川阿坝。

红军进入班玛后，曾在班前村吉德寺、班前寺驻防休整，为防止敌人偷袭，在驻地修筑了哨所和掩体工事，这些遗迹至今尚存。因为红军战士要分散四处向当地同胞筹购粮食，每天都要通过这座吊索桥，之后红军进发四川时，也是从此桥渡河，当地藏族群众为表达对红军的深切怀念，把此桥修复后改称为红军桥，吉德寺大经堂前曾设立的哨所被命名为红军哨所。

班前村处于班玛县南部巴颜喀拉山南麓，一条俊秀壮阔的河流如丝带般环绕着她的肩颈，波光潋滟，那就是玛柯河——大渡河源头一条重要的支流。沿着玛柯河，你可以清楚地看到地壳运动的走势，亿万年前印度板块北上与欧亚大陆聚合后产生强大挤压，形成南北走向的巨大褶皱。喜马拉雅造山运动又使青藏高原和横断山脉迅速隆起，造就了高大山脉的地貌景观。高大的山体经河水的长期切割，形成了赤裸裸的大峡谷，峡谷上部的山坡上则是青海最大的原始森林——玛柯河林区。

玛柯河在自北向南绵延前行的过程中，在群山之间划下了无数个“S”，与此同时也留下了一块块开阔的土地，并形成一个个散落的小村庄，而班前村就在此列。

犹如青藏高原上一颗碧绿的宝石，班前村被镶嵌在巴颜喀拉山脉的怀抱之中。金秋，是班前村最美的季节。玛柯河岸边森林中墨绿的松柏与金黄叶子的杨树相互夹杂，如打翻了的调色盘，缤纷夺目。

班前村有两座寺院：一座是坐落在玛柯河西岸的吉德寺，另一座是位于玛柯河东岸的班前寺，这两座寺院为班前村积淀了深厚的宗教文化底蕴。

吉德寺是青海省玉树州境内现存的唯一噶玛噶举派寺院，据传是明嘉靖年间由噶玛米觉多杰（1507 ～ 1554 年）倡议修建的，至今已有 400 多年历史。吉德寺修筑于半山腰，掩身于绿树丛中，它的身后是高高耸立的鲁塞拉姆山，寺前是汹涌东流的玛柯河，周围散布着错落有致而又别具风格的藏家碉楼。

据相关资料记载，最早的吉德寺仅有一幢用四根柱子支撑着的经堂，里面供奉着唐卡、经文、佛像。经堂里还供有两块“佛足”“佛手”印迹的石块。吉德寺至今还保留着一本古藏文缩写体手抄本《长寿仪轨经》，这种字体被称为“吉布”。据说，这本经卷已有数百年的历史，是研究古藏文书法的重要资料。

班前寺背靠玛柯河东岸的瓦丹秀姆山，属宁玛派寺院，据传创建于 1752 年，为久治县白玉寺子寺。

由于地理原因，玛柯河在行进途中形成了一个个大小不等的漩涡，当地人称它们为“措”。对于“措”，当地人有两种解释：一是湖的意思，如青海湖为“措温布”，还有“纳木措”“班公措”等；另外一种就是将水流形成的漩涡称为“措”。

相传，在红军桥南部有一处漩涡叫做“吉额措”，里面有一种名为“孜什”形似乌贼的水怪，为祸一方。后来十世噶玛巴将两头犏牛套以护甲，再给犏牛背上两个填满羊毛的袋子放入吉额措内，当水怪用利齿咬住袋子时，

受到惊吓的两头牛便跑上岸来，水怪自然也就被拖上了岸边，自此水怪消失，生活在玛柯河岸边的人民又过上了幸福的生活。

班前村碉楼是一种石木结构的多层平顶藏式民居建筑，藏语称“夸日”，碉楼一般为两到三层，高十米左右。一层设建筑的主入口，为牲畜棚，二层住人，三层为经堂和存放粮食的空间，屋顶设有煨桑炉，也用来晾晒粮食，碉楼各层之间以原木凿成的独木梯联系。

班前村碉楼封闭、防御性强的一个重要体现就是建筑的门窗。据当地居民讲，早年的碉楼只在一层设一个大门，没有窗，有的只在建筑的外墙上开很小的矩形或三角形洞口，用来瞭望和射击。为此，人们还衍生出窗户越小，家中聚财越多的说法。解放后，随着社会局势的日益稳定，经济的发展，碉楼的防御性逐渐减弱，开窗的数量增多，开窗的面积也明显增大，才有了我们现在见到的碉楼门窗。即便如此，在长期生活习惯的影响下，班前村碉楼的门窗尺度仍比较小。

多日麻

【微缩版的小拉萨】

这里有果洛地区著名的百年古刹江日俄坝，这里有被称为青海塔林之最的 138 座佛塔，这里有集中体现藏族高超石刻艺术的嘛呢石经墙，这里有奥吾阿内华桑城堡和碉楼遗址，这里还有异彩纷呈的神话传说。班玛县江日堂乡多日麻村，一个被人们称为“微缩版小拉萨”的古村落。

多日麻村位于班玛县西南部，坐落于玛柯河东岸的一块盆地之间，地形南北开阔，东西狭长，是典型的“两山夹一沟”地形。东靠朱岗山，西对俄龙山，南连格子沟，北接格囊沟，玛柯河沿村子西部穿过。冬春草场为格子沟、格昂沟，夏秋草场为佐姆沟，草原牧场造就了纯天然、原生态的美丽风景，与此同时，这里的灌木林带又给人们带来视觉上的愉悦以及充足的氧气，所以多日麻村不仅适宜人类居住，就连石羊、旱獭、喜鹊、野鸡、野兔等动物也纷纷前来安家。

多日麻村有着悠久的历史，是三果洛昂欠本的发祥地。

三果洛是对青海果洛地区藏族部落的传统称谓，正式出现于明朝。《安多政教史》记载：在佛教前弘期，有一朱氏部落头领从巴尔康一带迁往古科隆哇驻牧。历经数代，及至朱安本为首领时，又将部落迁至多绕上部扎帐游牧。后来由于内部纷争，朱安本的儿子朱拉加带领属部离开故土，来到了今久治年宝叶什则一带，以游牧狩猎为生。一天，朱拉加到年宝湖边打猎，见到一只大鹏从湖中抓起一条白蛇，白蛇在大鹏的利爪下苦苦挣扎，朱拉加当即射死大鹏，救了小白蛇。第二天出猎时，朱拉加遇到了一位骑白马的银须老人，自称是年宝山神，来感谢朱拉加救了他的三女儿，并将美丽的三女儿许配给他。从此，朱拉加与年宝山神的三女儿恩爱度日，一年之后生下一子取名帕合太。后来，这桩婚事惊动了玛沁山神，拆散了这对夫妻，只留下朱拉加父子二人。帕合太长大成人后，迁徙到亚日堂一带定居，他生有三个儿子分化为果洛三部：长子当家 ，权势最大，人们称其为昂欠本；次子居住地有一座山形似大鹏，故名为阿什姜本；三子门前长有莲花，故名为班玛本。

作为一个古老的村落，多日麻村文物古迹众多，并形成了独特的人文景观。

村落附近的白扎寺亦称江日堂寺、追公寺，1936 年由白扎喇嘛重建。这座寺院非常独特，寺中有寺。寺院中央有一圆形小山，称为江日俄坝，是一座在果洛地区较有名气的宁玛派寺院。寺院分上下两部分：上寺在北侧山顶，以尼姑禅修为主，有大小两座经堂、一座佛殿；下寺坐落在小圆山周围，为该寺主体部分，环绕小圆山建有讲经院、禅修院、大经堂、医明院、寺舍、石塔等。这里最为壮观的就是塔林，共有 138 座石塔，数量和规模为青海之最。

奥吾阿内华桑城堡和碉楼遗址也在白扎寺内。奥吾阿内华桑是岭国三十员大将之一，系上岭、中岭、下岭之一的中岭王。中岭王奥吾阿内华桑管辖有六个部落，有银盔神兵七百人，在格萨尔王南征北战的斗争中，降服妖魔，英勇顽强，所向披靡，立下赫赫战功。据说在后来的虎豹宝国战争中，奥吾阿内华桑被虎豹宝国的达娃劈死，年仅 25 岁。

在奥吾阿内华桑遗址约两公里处有一座煨桑的神山，被当地人称为康马尔穷贡，他是奥吾阿内华桑的护法神。

多日麻被当地人称为石刻部落，这一说法与江日俄坝四周的嘛呢石经墙有关。嘛呢石经墙共有三层围绕着江日俄坝，最外围石经墙长 427 米，最高处可达 3 米，占地面积 852 平方米；第二层石经墙长 247 米，高 1 米，宽 1.5 米，占地面积 493 平方米；第三层即内层石经墙，长 213 米，高 1 米，宽 1.5 米，占地面积为 415 平方米。整个石经墙不仅占地面积超过闻名中外的嘉那嘛呢和霍寺石刻大藏经，并且在石刻方面，这里以石板为材料而非鹅卵石，还用特殊工艺在石板两面进行篆刻，其独特的艺术价值是无可比拟的。据专家鉴定，这些石刻的篆刻年代囊括宋朝以来至元、明、清各代。

保安城

【边疆屯兵史的活化石】

“贼人休走，吃俺老张一枪！”在同仁县保安镇城内村的关帝庙，那张飞塑像须眉倒垂，双目圆睁，仿佛正在发出一声断喝。

远离中原大地的青海高原，当年确实曾和三国一些名将有着千丝万缕的联系，北宫伯玉（古湟中人，今西宁湟水流域）、韩遂（金城郡人，治所在今民和境内）这些个青海人，就和蜀国五虎上将之一的马超有过恩恩怨怨。如此这般，青海有关帝庙也很正常，但细想之下又觉得不合情理，同仁县毕竟是藏区，应以藏传佛教为主，这里建有关帝庙肯定另有原因。

就在剪不断理还乱的时候，我在隆务河边迷迷糊糊睡着了，猛然睁开眼睛，发现一个身穿铠甲的精瘦老头儿出现在眼前，他手提长剑，双目炯炯有神。

“这是什么地方？”

“报告将军，这里是保安城！”

“好，就这里啦！”

老头儿身后有几个同样身穿铠甲的兵士，手里都拿着长矛枪，其中一个战战兢兢地问同伴：“兄弟，这老头儿是谁呀？”

兵士听后一脸不屑：“你连赵充国将军都不认识？”

“他是赵充国？不可能呀，他不是在河湟地区屯兵垦田吗？怎么跑到同仁县来了？”

“赵将军要在这里设立河关县，无关人员速速离开！”

……惊吓中醒来，发现自己做了一场梦，于是查阅资料：西汉宣帝神爵二年（公元前 60 年），赵充国在湟水流域威服定羌，在保安一带置河关县，并在此置军屯垦，其后历代设官建治。

保安城位居黄河南岸，又地处隆务河河谷地带，是同仁、河南两县通往尖扎、西宁和甘肃临夏、夏河的必经之路，不仅利于排兵布阵，肥沃的土地又能解决后勤补给问题，确实是屯兵的好去处。如此看来，保安城就是一座古老的兵城。

这不是推理，也不是猜想，而是被载入史册的事实：唐龙朔三年（663年），吐蕃攻下吐谷浑后，尤其是在开元、天宝年间，战乱频仍，唐陇右节度使在鄯州、廓州境内广置军城，保安亦成为第一线军事要塞；天宝十三年（754 年），哥舒翰派兵攻占雕窠城（今保安铁城山），在这里设振武军；755 年“安史之乱”后，唐军东撤，陇右空虚，吐蕃乘势东进，尽占青海各地，同仁一带成为吐蕃移民屯戍之地；公元 13 世纪 20 年代后，蒙古军攻占青海地区，继而统一青海高原，这里属元朝设在河州的“吐蕃等处宣慰使司”管辖，保安一带设有百里万户府；元时，保安雕窠城的部队受积石州元帅府达鲁花赤（镇守官）撒鲁尔部首领统管，执行“上马则备战斗，下马则屯聚牧养”的任务；明代驻军仍驻扎在铁成山上的雕窠城，居高临下，易守难攻，但交通不便，明万历二年（1547 年）由屯首王廷义组织四屯五寨的屯民，在铁城山上修筑城墙，开有南、北两个城门，建有城门楼和城墙楼，城墙四角有碉楼……

无疑，保安城是中国边疆屯兵史上的一块活化石，至今还遗存有铁城山、保安都司衙门、药王庙、关帝庙、明清驻军营房、王化行进士府、烽火台等古建筑，尚存的城垣虽为夯土，但依然坚实如初。

其实“保安”一词开始并非特指一地，从元末明初开始，外地人把隆务河谷中游地区都称为保安，只有当地人才专称保安城堡，到 1929 年成立同仁县，1930 年把县址迁到隆务镇为止，保安城是同仁地区政治、经济、文化、军事中心，那时不论官方文书还是四方百姓，只知保安，不知同仁，直到现在民间仍把同仁叫做保安。

言归正传，保安城屯兵之地一直在城外的铁城山，这是古时为了占据有利地形牵制敌方而做出的选择。后因人口增多，取水不便，明洪武年间迁至山下，取环山之间平坦地势筑土为

城，随之形成了今天的城内村。城内各建筑排列有序，巷道分明，多分布于南北城门两条主道两旁；城外建筑环城墙四周向外扩散，依地势而建，坐落不均，较为分散，渐与五河公路相接，形成今天的保安街道。城内村有一处明代古城墙遗址，“文革”期间为了便于行走，先后被拆出几个通道口，后由于村民取土建房、拆墙建房等原因，被逐段拆除，目前只保留有几处断壁残垣。

站在保安城内，眺望犹如被鬼斧削过的铁城山，耳边仿佛仍能听到战马的嘶鸣声。历史有时只和我们隔着一层烟幕，当有风吹来，历史就会以尘埃的形式呈现在我们面前，震撼着我们的心灵。时间也像一个消化道，已经或者正在吞噬着一切具象的东西。当然，有些东西尚未被消化，还有一些形状，比如保安城铁城山上的唐代军营遗址、明清驻军营房、中军都司衙门等。

保安中军都司衙门旧址位于古城内，始建于明洪武年间，初设“保安站”保安操守所，明万历年初改设“保安堡”署保安备署，清代（1732 年）改设“保安营”署保安营中军都司衙门，现仅存保安营中军都司衙门门庭两间。

保安明清驻军营房位于城内村古城西南角，为明代所建，据《循化志》载：“保安城之建不知何时，闻其初乃脱屯三堡也。明初设官置兵，脱屯之人始散处城外。”但因百年风雨剥蚀，年久失修,如今大部分营房已倒塌,现存的营房仅有四排（组），共一百多间，其结构为平顶屋脊土木结构，有几户村民在那里勉强居住。

保安城内还有城隍庙,始建于清代光绪十四年（1888 年），大殿内原塑有药师佛塑像,庙内设有占卜用药方签簿及中草药，有疾病的患者抽签后按号取药，十分灵验，为旧时求医问药的唯一机构，但在“文革”期间，城隍庙遭到破坏。而古城内的关帝庙也在 1958 年后被毁，现在供奉的刘备、关羽、张飞三尊塑像，都是重修的。

虽然远离中原，这里却一直和中原文化交融着，古城内的王化行进士府就是一个见证。王化行，清道光—光绪年间人，清同治十年（1871 年）在会试中考中进士，历任甘肃环县训导等职。院内原有大小牌匾十余块，门楣悬有陕甘全省翰林院题赠的“泮水生香”匾额，成为当时名重河湟的名门望族，但是这块匾额在“文革”期间被毁。

因为是古老的兵城，一代代兵嫂们也给保安城带来了刺绣、剪纸等民间艺术,并和当地文化交融,形成自己独特的艺术风格。

名副其实的唐卡村

走过青海大部分古村落，面对隆务河东岸的吾屯上、下庄，第一次感觉无从下笔，搜肠刮肚也找不到恰当的词汇描写出这两个村落所带来的震撼。

在去往吾屯的路上，不自觉地又想到了《西游记》里的火焰山，孙悟空拿着芭蕉扇一阵猛扇，大地顿时陷入火海，连大山都被烧成了红色，或许当时有零星的火焰被扇到了同仁，把这里的山也烤成了赤红色。同仁县的丹霞虽然名声不及坎布拉和贵德，却也有独特的味道，它们散落在清澈的隆务河畔，与河谷地上金黄的油菜花、郁郁葱葱的树木，共同构成了一幅绝美的画卷。

也就是在这画卷里，隐藏着让人叹为观止的热贡艺术。

吾屯藏语称“森格雄”，意为狮子滩，而狮子是吾屯唐卡中的一个重要元素。在吾屯，家家都有唐卡画师，这一点毫不夸张。在吾屯上庄的热贡画院里，著名唐卡画师娘本带我们参观了年代久远的唐卡，还有他的创作团队——他们当中有些画师仅有十几岁。“他们七八岁就开始学习唐卡，这在吾屯很正常。”娘本说。

佛教绘画可追溯到释迦牟尼时代，五世达赖所著《释迦佛像记·水晶宝镜》一书中记载，藏王松赞干布在一次神示之后，忽然流起了鼻血，于是在文成公主带来的丝绸上面，信手涂出一幅白度母像，相传这就是第一幅唐卡。

热贡唐卡绘画笔法细致入微，画风华丽铺张，类似中国画里的工笔重彩，设色、用金等方面尤为高明。吾屯寺的唐卡闻名于世，有很多著名的唐卡画家，据说布达拉宫、大昭寺、塔尔寺等寺院需要唐卡时都会到吾屯寺定做。

吾屯寺分吾屯上寺和吾屯下寺，是两座格鲁派寺院，规模并不大，但是建筑装饰极为华美庄重，寺院的经堂从门楣、墙裙、藻井到梁、枋、柱头，到处都是卷草、旋花、云纹、水波等浮雕。法器文物、地毯织物无一不极尽绚丽之美。

吾屯上寺始建于公元 1385 年，寺内珍藏有释迦牟尼头发、法宗大师舍利以及各种塑像、唐卡等文物。吾屯上寺保存有历经了两百余年的唐卡，至今依旧绚烂夺目。该寺被誉为“艺术人才”的摇篮，目前住寺僧人中就有画家 22 人，著名老画家、国家级艺术大师夏吾才让，就是该寺僧人出身的一代名师。

吾屯下寺约建于 1645 年，寺内有宗喀巴大师和弥勒佛塑像、释迦佛铜制像，存有《甘珠尔》等经卷。

藏传佛教寺院在举行“祈愿大法会”的宗教仪式中要跳“金刚驱魔神舞”，藏语称“羌姆”，蒙古语称“跳布扎”，在青海叫“跳欠”。上、下吾屯寺的“跳欠”也很有特色，主要跳“六臂金刚舞”和“法王舞”。表演者头戴面具，身着华丽戏剧服装，手持如意法宝，表演护法、赞神、斩魔等内容，节奏很快，动作幅度较大，具有较多的戏剧元素。

除了唐卡，吾屯人还有一个绝活，那就是泥塑。制作方法是在黏土里掺入少许棉花纤维，捣匀后，捏制成各种人物的泥坯，经阴干，涂上底粉，再施彩绘。早在2006年，泥塑就被列入第一批国家级非物质文化遗产名录。

欣赏完吾屯唐卡艺术，才有时间仔细审视隆务河东岸的这个古村落。隆务河流域历史上有蒙古族、吐谷浑、藏族、汉族等民族多次来往迁徙，文化交流频繁，村落建筑形态也兼具汉、藏、土族各种特色。村内民居多为土木结构的藏汉特色风格，没有统一规划，随意散布，基本以三合院为主体，院落组织灵活自由。民居多以木材为主要建筑材料，围墙为夯土墙，建筑形式朴实稳重，藏汉结合特色明显。随着社会发展和人民生活水平的提高，砖木结构代替了原有的土木结构，但原有的土、汉、藏族文化特色还很浓厚。

吾屯村内古寨堡呈长方形，南北长165米，东西宽115米，开东、西两门，西门有敌楼，古寨堡内现有68户，整体保存良好。

【人神共舞 古楚遗风】

年都乎

在青海这个遥远的地方，竟然暗藏着远古的楚文化，并且每年还以人神共舞的方式向世人呈现，它就是同仁县年都乎村的於菟舞。

每年农历十一月初五至二十日，年都乎村驱魔逐疫的於菟舞就会跳起来。实际上，於菟节从前一天夜里就开始了，村民们在后山点起篝火，开始“邦祭”活动。首先是请神，在天亮时分，把二郎神用轿子从庙里抬到要举行“邦祭”的人家，在“拉哇”（即法师）的带领下进行祭祀活动，并挑选出表演於菟的人员。祭祀结束后，青年男女就可以自由地唱起拉伊，谈情说爱，而长辈们则需要回避。

天亮后，每个人都会用清水洗头，洗去污垢，以求得健康、平安。中午时分，被选中跳於菟的小伙子们便一起赶到村里的二郎神庙开始做准备，他们脱光上身，挽起裤腿，由村里的画师用锅底灰在他们的脸上、上身和四肢画满虎豹斑纹，还把头发一撮撮扎成毛刷状，形似愤怒的老虎。他们各个腰挎长短刀刃，两手各持一根粗树枝，树枝上粘有带经文的白色符纸。装扮就绪后，於菟便在头戴五佛冠的“拉哇”带领下到山神庙中跪拜诸神，由“拉哇”击鼓诵经祈求神灵保佑全村平安，并授予於菟神力，为村民驱魔除疫。之后，“拉哇”不断给於菟灌酒，以抵御寒冷，同时也要让於菟喝醉，这样他们才会进入应有的境界。在“拉哇”向众於菟传达神灵的旨意后，於菟就不能说话了，而成为驱魔的“神虎”。

於菟们先在庙前广场上跳“虎舞”，以示神虎之威风。“虎舞”的动作凝重而古拙，豪放而粗犷，充分显示着古羌人因崇拜虎而模拟老虎姿态的遗存。表演快要结束时，传来一阵火枪和铁铳的炸响，於菟们迅猛奔跑下山，进入村里后，就会翻墙进入村民家，肆无忌惮地搜寻食物，并将这些食物衔于嘴中，摇头摆尾，就像一只只老虎在吞食。如果家中有病人，於菟就会从病人身上跳过去，以示把病魔赶走。

於菟们从村民家翻墙出来后，汇聚在巷道口，村民们将准备好的中间有孔的馍馍穿在於菟们手持的棍子上。吃饱喝足后，於菟们在“拉哇”的带领下沿着村庄边舞边跳。这时候，人们鸣枪，“拉哇”再次诵经，开始驱赶於菟。於菟们逃窜到河边后，砸开河面上的冰，然后用水洗去身上的虎豹花纹。在回来的路上，人们燃起一堆火，让他们从火上跨过去，表示妖魔邪恶已经除去。於菟活动包括念平安经、人神共娱、祛疫逐邪等仪式，於菟舞流传至今已有数百年历史。

年都乎周边大多是藏族村落，年都乎村的建筑风格也和藏族村落相差无几，这里的生活习俗、语言、服饰等和同仁地区的藏族相似，村名“年都乎”也是藏语，但它却是一个有着数百年历史的土族村落。

年都乎和保安城、吾屯、郭麻日共同构成了同仁古堡群。年都乎古堡位于村落西南部，保存至今的有古城门、古民居建筑群，古堡内建筑大多在100年历史以上，部分建筑历经300余年，是保存较完好的古建筑群落。传统建筑多为土木结构，门窗多为木雕工艺，技艺精湛。

年都乎村有一条曲麻河，这条长38公里的河流源于夏琼山脚下，流域长度60公里，南部地势较平坦，土地适合种植，这也是年都乎村为什么会定居在这里的原因。

看完於菟舞，一定要去1660年修建的年都乎寺去看看，因为那里的清代壁画是早期热贡艺术中佛画的一个缩影，可以窥见早期热贡佛画艺术基本风格和审美取向。说到热贡艺术，年都乎村也有一个绝活，那就是堆绣。

堆绣不是塔尔寺的“艺术三绝”之一吗？怎么跑到年都乎村了？就像藏区多数唐卡都出自吾屯一样，年都乎村也被冠以“堆绣村”的美名。年都乎村堆绣以佛画为主要内容，藏语称为“规唐”，大都取材于佛经故事，多以塑造不同的人物形象为主，注重人物的造型和神态，讲究各色绸缎的搭配，粗犷中见细腻，点滴中见绝妙，色彩鲜艳，对比强烈，有较强的立体效果，犹如一幅丝质的彩色浮雕画，体现出较高的工艺美术价值。

年都乎堆绣艺术早已声名远播，从小小的隆务河谷走向了更加广阔的天地，在青、甘、川和西藏等地的寺庙中随处可见，还有不少流传到了印度、尼泊尔、美国、日本等国家，为弘扬和发展民族民间文化做出了重要贡献。

【迷宫古堡屹立热贡九百年】

郭麻日

在前往入选中国历史文化名村和中国传统村落的郭麻日时，我的眼前出现了这样的场景：大秦监狱，两个巡逻的哨兵肩上扛着长矛边走边交谈："兄弟，最近那个叫无弋爰剑的羌族奴隶不太安分，咱们要看紧喽！""没错，不能让他跑了，要不咱俩就得掉脑袋。"

"无弋爰剑！你老实点儿，要不然爷爷饶不了你！"两个小喽啰指着一个黑脸汉子骂了一阵就离开了。无弋爰剑是从河湟抓来的羌人，那时的羌族还不够强大，经常被人抓去做奴隶。

天慢慢黑了下来，伸手不见五指。无弋爰剑用白天在地里干活时偷偷捡来的石头磨断了套在脖子上的绳索，冲破监狱的杉木栅栏，撒开脚丫子就跑，后面可就热闹了，吆喝声不绝于耳，射出的箭嗖嗖有声，让人胆战心惊。

跑着跑着，无弋爰剑被一座大山拦住了去路，一个山洞出现在眼前，他想都没想一头就钻了进去。哗啦啦一群秦兵把洞口围了个水泄不通。“烧死他！烧死他！”凡是逃跑的奴隶，都不会有好结果，这是先秦的法律。秦兵将手里的火把一个个扔进洞里，火很快烧了起来。突然，一只猛虎从山洞里蹿了出来，看见秦兵就是一阵猛咬，吓得这些喽啰们像乌鸦一样瞬间没了影子。随后老虎不见了，无弋爰剑若无其事地走出洞口，大摇大摆地回到了青海……

去探访最美古村落，为什么要说无弋爰剑？因为在热贡地区闻名遐迩的郭麻日村，曾经是无弋爰剑后人的一大根据地。无弋爰剑逃回青海后，娶了一个被割了鼻子的羌女奴隶，教会青海的羌人怎么种地、收割，就这样青海羌族日益强大，他的子孙的子孙，形成了 150 种，到汉代时羌族人口达到 1200 多万，占当时全国人口的四分之一，土地肥沃的隆务河流域，都属于羌人的地盘。

说了半天就是想告诉你，郭麻日村自古就是人类繁衍生息的栖息地，由此才有了那座迷宫般的古堡。

刚才已经说了，隆务河流域的热贡地区土地肥沃，又是通往藏区的门户，由此成为兵家必争之地。魏晋时期，建都乐都的鲜卑族秃发部南凉政权的势力一度深入到这里，同仁县由南凉浇河郡管辖。南北朝时期，漠北柔然、西域吠哒及吐谷浑与南朝往来的“河南道”也经过这里，至今仍然是青海经甘南入川的一条捷径。唐高宗龙朔三年（663年），吐蕃攻灭吐谷浑，与唐军形成对峙局面，双方和战无常，很多拉锯战都发生在这里。因此，热贡地区成为历史上名副其实的大兵营。

虽然时有战争的纷扰，但人们的生活还得继续，只是在居住地的建设中充分考虑到安全问题，郭麻日古堡由此被建成了一座迷宫。

想要到郭麻日古堡，得费点儿力气，它和其他村落依山傍水而建不同，而是选在了山坡台地上，把隆务河狠狠地踩在了脚下。登高才能望远，才能第一时间发现敌情，这也许就是郭麻日古堡选址时的首要考虑。同时，村庄东西两侧的山脉形成天然屏障，阻隔了高原的风沙。村落坐落在河西岸二级台地上，也可避免洪水灾害。

选址完成后，在怎样建成一座固若金汤的城池上，显然也下了一番功夫。高大的寨墙是必不可少的，寨门上面还增加了瞭望塔，完全可以作为军事要塞，真是一夫当关，万夫莫开。

最为巧妙的是，在古堡建设中，先人们还充分考虑到敌人突破寨门防线，攻入城内的后果，即如何打赢巷战的问题。因此，堡内巷道结构形态总体上呈现蛛网状，曲折、幽深，支巷末尾均以尽端、断头路结尾，也就是说，如果你是一个外地人，走进去会发现每条道路都是死胡同。

但是古堡内的人都很清楚，堡内巷道仍有主次之分，有一条曲折连通东西的主脉，宽约 2.5 米，并与东、西门相连。另有一条曲折连通南北的主脉，宽度也是 2.5 米，南与南门相连，北延伸到居住腹地，形成尽端路。两条主脉在堡内近乎中心的位置交汇，该处分布有全村公共的经堂和嘛呢房，是古堡的公共核心和宗教活动中心。古堡由东西、南北两条主脉大体上分为四块相对均衡的部分。郭麻日古堡最初出现于特莫科地，在唐末宋初迁至现在的郭麻日，是热贡地区年代最早，保留最完整的古堡。建筑大多为两层，底层为牲口圈、厕所等，二楼才是起居住所。站在二楼，向外可以看到巷道内的情况，向内家家户户互相连通，翻过低矮的土墙就可以进入邻家。这样的设计，一方面节省了大量的空间，体现出古城堡内居民之间感情深厚、不分彼此；另一方面也可以在外敌入侵的时候最大程度地起到防御功能：倘若敌人真的攻入，只需从墙头撤离到隔壁院落就可以保证安全。从军事防御上来说，郭麻日古堡建筑设计精巧、功能强大，同时保证了居民日常生活的便利，令人叹为观止。

说到这里你就明白了，郭麻日古堡实际上就是当年屯兵的山寨。满城迷宫，即便入侵者攻入堡内，也会迷失方向、不知退路而被围歼，也许这就是郭麻日古堡屹立900年不倒的原因所在吧。

公元13世纪初，元朝建立，藏区由三个宣慰史分区管理，总领于宣政院。包括同仁在内的安多藏区，则由设于河州的吐蕃宣慰使司管辖。当时同仁地区隆务十二部尚未形成，势力较大的阿哇日昂锁的祖先被任命为必里万户府长官，管辖今海南、黄南、甘南一带的藏族部落。公元1368年，明朝建立，设河州、西宁、洮州、岷州、松藩等“西蕃诸卫”以控制安多藏区，同仁地区由河州卫节制。洪武、永乐年间，推行军屯，在今同仁县北至保安一带设保安四屯，这是中央屯戍军第一次深入同仁。明末清初，西蒙古厄鲁特部和硕特部固始汗应四世班禅之邀进入青海，以 “护教” 名义收抚了青海藏族部落，隆务河流域归入固始汗管辖，在蒙古人的支持下，藏传佛教格鲁派在同仁地区又有了新的发展。

元明之际，阿米拉杰札那哇的隆务家族势力开始崛起。其子隆钦多代本逐渐得到了当地藏族部落的支持，隆钦多代本之子三旦仁钦大师创建了萨迦派寺院（今隆务寺前身），进一步扩大了隆务家族的影响。明清以来，隆务寺不断扩大规模，健全僧伽制度，成为安多藏区著名的六大寺院之一。因此，在隆务河谷地带相继形成了以藏传佛教为主的多个寺院，郭麻日寺就是其中之一，始建于明末清初，并形成了以郭麻日古寺为核心的古村堡建筑，村堡内以清代藏族、土族民居为主。郭麻日寺现为国家文物保护单位，寺院主殿周围有 12 座小塔，塔顶为圆拱鼓形，塔拱内部设有佛堂。整座佛塔建筑结构严谨，布局新颖别致，造型较为特殊，建筑雄伟，构思奇巧，典雅大方，充分显示了热贡地区藏传佛教建筑艺术的高超。此外，郭麻日时轮塔为安多藏区最大的佛塔，此塔仿造古印度波罗奈城鹿野苑释迦牟尼初转法轮所在地佛塔的造型，历时五年建成。

尕沙日

【罕见「金黄果」现身】

年都乎乡尕沙日村是同仁县第一个被太阳照射到的地方，因此，同仁县的春天便从尕沙日开始。这就好比一个古老的约定，只有尕沙日的大地变绿，同仁县其他村落的草木才能发芽；又像是一个绿色海洋里的涟漪，一滴绿色的水首先滴在尕沙日村，然后才向四周荡漾开去。

这种独特的气候让尕沙日人引以为傲，因为他们的春天和秋天都要早一些，更为重要的是，大自然给这里的人们馈赠了一种名为“金黄果”的水果，只有尕沙日才有。

金黄果自然是金黄色的，根据这条线索，在尕沙日村寻找金黄果时，我们很快就“误入歧途”，把目光盯在了一种叫“黄金果”的植物身上。黄金果又名五指茄、乳茄，为小型灌木，原产美洲热带地区，果实经久不变色，不干缩，金光灿灿，象征财运亨通、四世同堂、吉祥如意。黄金果喜温暖、湿润和阳光充足的环境，不耐寒，怕水涝和干旱，现广东、广西及云南均引种成功。

分析黄金果的资料后发现，虽然名字差别不大，但和尕沙日的金黄果相差甚远。首先，尕沙日的金黄果是像梨树一样的果树，而黄金果则是小型灌木；再者，尕沙日的金黄果是土著品种，而黄金果则是舶来品。

那么，尕沙日的金黄果到底是什么东西呢?

就在我们万分困惑时，年都乎乡政府工作人员给我们带来了有关金黄果的图片和资料，我们终于可以按图索骥了。

尕沙日村不大，共有 252 户人家，土族村落。地处川水地区，这让尕沙日在农业生产具备了先决条件，一直以来，尕沙日村民都靠种植小麦、油菜、马铃薯为生。

春天的第一缕阳光终于来了，谁也没有注意到，夹杂在梨树、杏树中的金黄果树的枝头也开始绽放出花蕾。或许它太过于普通，树叶、个头也和梨树差不多，但到了秋天时，金黄果树上便会一片金光灿灿，这时才会引起人们的注意，摘一个果子放进嘴里，真甜!

出过远门的尕沙日人渐渐发现，这么好吃的金黄果在外地根本见不到，就连邻村也很少见，只有郭麻日村有那么几棵。他们这才意识到，虽然产量极小，但金黄果确实是一种罕见的高原水果。于是，近年来尕沙日村开始扩大金黄果种植面积，还成立了金黄果产品加工公司，金黄果果汁、金黄果酒都成了市场上的抢手货。

尕沙日村与阿赛公路相连，北邻保安镇哈拉巴图村，南邻隆务镇朝向阳村，和保安、郭麻日等村落一样，民居建筑主要以土木结构或砖木结构为主，院内整齐、干净。

可是谁能想得到，尕沙日这个低调的村落竟也是热贡艺术五屯之一。

说起热贡艺术，其发源地是隆务河两岸的吾屯、年都乎、尕沙日、郭麻日、脱加五个自然村。这里聚居着大批从事藏族艺术创作的艺人，他们世代相传，以绘画、雕塑为业。由于艺人在五屯最为集中，便被人们称为“五屯艺术”和“藏族画家之乡”。又因同仁一带在藏语中称“热贡”，故又把“五屯艺术”统称为“热贡艺术”。

五屯艺术是藏族佛教艺术领域中的一个重要流派，是同仁县五屯地区民间艺人在长达五六个世纪的艺术实践中共同创造出来的。五屯艺术包括彩绘、雕塑、木刻、堆绣和建筑彩绘等，其中以绘画、雕塑、建筑彩绘为最佳。

作为五屯艺术之一，尕沙日村并非浪得虚名，唐卡、雕塑等艺术在这里兴盛繁荣，但和吾屯等村相比，尕沙日却又不事张扬，就像一个默不作声的奉献者。

如果非得把“五屯”在各种艺术形式上分个最佳，那么尕沙日的雕塑应该是最为出名的，尤其是石雕，取自泽库县和日乡的石材。雕塑艺术在热贡艺术中具有重要地位，寺院中供奉的各类大小佛像就是热贡雕塑艺术的结晶。目前，尕沙日村从事唐卡、雕塑的艺人已经达到了200余人。

说起雕塑，咱们现在就去尕沙日寺看看。

尕沙日寺藏语称“尕沙日噶尔兑桑曲林”，意为“尕沙日集贸法洲”。据《安多政教史》记载，该寺由维哇·阿旺牟盘达瓦初建，该寺存有《麻尼全集》等文献木刻版，其主要香火庄为尕沙日村。尕沙日寺曾于清光绪九年（1883年）扩建一次。

历史上，尕沙日寺曾出过一些有影响的人物。清代，出生于尕沙日村的官却嘉措，早年学经于尕沙日寺和隆务寺，后入藏成名，获拉仁巴格西学位，住藏40年，与第四十五任甘丹赤巴加央崔口交往甚密，返回故乡后讲经于隆务寺和拉莫德干寺，颇有影响。另外，出身于该寺的尕沙日画师，画技高超，兼通雕塑艺术，后世传之如神。

【斗龙山下的六月会】

从斗龙山上俯视，就会发现同仁县年都乎乡录合相村非常奇特：一座座方方正正的庄廓院就像一个个火柴盒，被整整齐齐地摆放在山腰处，并且这些火柴盒还是打开的——每座庄廓院的天井都面向天空张着大嘴。

第一眼看到时，感觉录合相村和青海很多大山深处的村落没什么两样：村落被掩映于山体之间，周边有茂密的森林及田地，村庄内部有蛛网状的巷道，居住空间呈现自由、灵活、紧凑、密集的布局结构。巷道之间的宅院紧密相邻，这些宅院都是高大厚实的夯土墙，木制大门上也有雕花。此外，村里还有一座 1714 年修建的古庙，给人悠远而凝重的感受。

不过，这仅仅是录合相村的外表。其实，录合相村有着一颗火热的心，每年农历五月的念唱嘛呢会和六月会都会让每一位客人感到震撼和新奇。

念唱嘛呢会是青海东部农业区藏族人生活中一种珍贵的非物质文化遗产，曲调和青海传统音乐有着密切关系，不仅歌词丰富，曲调优美，还和当地的宗教信仰息息相关。每年农历五月中旬，录合相村为期一周的念唱嘛呢会就开始了，全村人身着节日盛装出席这一年一度的盛会。和其他地方不同的是，录合相村的念唱嘛呢会在野外进行，而不是在寺庙里。

农历五月的斗龙山上开始有了绿意，草场上更是生机盎然，人们就在这绿茵上扎起一顶巨大的帐篷，足以容纳全村人席地而坐，帐篷的中央挂着唐卡和各种经幡，酥油灯也点了起来，人们虔诚地唱着经文，祈祷着一年的幸福。

录合相村的念唱嘛呢会不仅是一场宗教活动，更像集体春游，因为青海同仁的春天也在此时悄然而至，大地才真正被绿色占领，而这时春播刚刚结束，人们可以尽情享受春天带来的惬意，通过这种活动还能增进邻里之间的友谊。

和念唱嘛呢会相比，录合相村的六月会更加盛大和隆重。每年农历六月十七日，热贡地区的六月会祭祀活动会在一个名叫四合吉的藏族村庄拉开序幕，而后在隆务河流域的几十个藏族、土族村庄相继展开。这个时候，录合相村的六月会也就拉开了帷幕。

六月会期间，录合相村村民们的服饰是十分讲究的，舞者必须身着盛装。男子头戴白色或红色高筒毡帽，配藏刀；女子身着色彩艳丽的藏袍，配以天然宝石作为装饰。

热贡六月会是青海省同仁县藏族、土族村庄特有的传统文化节日，已流传了 400 多年。这是一种原始宗教氛围浓烈、文化形态与文化内涵复杂而丰富的人文现象。它包括祭神、请神、迎神、舞神、拜神、祈祷、送神、军舞表演、神舞表演、龙舞表演等内容。

关于热贡六月会，传说在很久以前，同仁地区有许多猛兽危害人类，后有大鹏鸟自印度飞来，降服了这些毒蛇猛兽，藏语把大鹏鸟叫做“夏琼”，为了供奉夏琼神，也为了保佑风调雨顺、五谷丰登，沿隆务河两岸 12 公里内的藏族、土族村庄都会举行盛大的祭祀活动，由村里的法师带领供奉着夏琼神的神轿进村做法事，大家载歌载舞，场面非常壮观。

还有一种说法，即唐蕃和解时，为了庆祝和平的到来，守卫当地的吐蕃将军于当年农历六月十六至二十五日向当地的诸守护神叩拜，并举行隆重的祭祀活动，由此发展成热贡六月会。

也有人认为，元末明初时，元朝一支蒙汉混编的军队在隆务河谷接受了明朝招安并在当地解甲归田。为了庆祝和平安宁，他们举行了隆重的祭典活动，祈求消灾去难、人寿粮丰，热贡六月会由此而来。

六月会有固定的时间，即每年农历六月十七到二十五日。

正式参加者是所有男子和年轻未婚的少女,其他人只是观赏者。

录合相村六月会主要在村里的集会广场和寺院广场举行,有祭神、上口扦、上背扦、跳舞、爬龙杆、打龙鼓等活动,最后是法师开山。其中最具特色的是上口扦、上背扦和开山。上口扦是法师为自愿参加的年轻人在左右腮帮子扎入钢针,也称为锁口,据说此举可防止病从口入。上背扦是将 10 ~ 20 根钢针扎在脊背上,舞者赤裸上身,右手持鼓,左手击鼓,边敲边舞。节奏独特的龙鼓、粗犷优美的舞姿、多彩华贵的服饰、神秘虔诚的祈祷,给喜庆丰收的热贡藏乡带来了欢乐和浪漫。

【藏戏大幕在这里拉开】

江什加

同仁县曲库乎乡江什加村，一曲曲时而欢快、时而悠扬的藏歌，一个个亢奋的鼓点，拉开了藏戏《松赞干布》的序幕，欢歌、鼓点加上特殊的唱腔，藏族祖先古老传奇的草原故事便生动、形象地展现在人们面前。

2016 年 4 月，藏戏《松赞干布》在北京梅兰芳大剧院精彩上演，好评如潮。

松赞干布是藏族历史上一位聪明智慧而又志向远大的君主，是藏族人民最为推崇的赞普。大型藏戏《松赞干布》以藏族历史上的英雄人物为表现内容，以本土化、民族化的人物故事体现了民族情感与价值观。剧中讲述了在公元 630 年至 650 年间，松赞干布统一整个青藏高原，推广佛教，统一度量衡，保护水利资源，派吐蕃弟子求学长安等史实，再现了波澜壮阔的历史画面，展现了藏族坚韧的民族性格。

可以说，藏戏《松赞干布》是对历代黄南藏戏艺人技艺的一个高度浓缩，它将歌剧、舞蹈、哑剧融合在了一起，人物台步、上下场动作、手式指法、身段步法和人物造型，吸收了安多民间舞蹈、法会舞蹈和汉族戏曲的元素，融入了藏区寺院宗教舞蹈、民间舞蹈等，形成了本剧独有的艺术风格。音乐唱腔方面则从安多地区藏族民间说唱、民歌中提炼素材，唱念均用安多方言，道白速度较慢，一方面具有创新性，另一方面保留了藏戏的原始形态，独具特色。

江什加村表演的藏戏在藏区颇具影响，并被冠以“江什加藏戏”的专属名称。

藏戏到底是一种怎样的戏？下面就先给大家普及一下有关藏戏的知识。藏戏在藏语中被称为“阿吉拉姆”，其表现手法和内容都有很强的藏传佛教色彩，是一种以民间歌舞的形式表现故事内容的综合性表现艺术。

藏戏的起源可追溯到藏族发祥时期，即第一代藏王聂赤赞普时代，在这一时期，西藏土著先民们就创造了比较灿烂的苯教文化。从藏戏传统剧目的故事内容和表演形式中至今仍可看到不少属于苯教文化的遗迹。公元 6 世纪以后，已进入奴隶制的藏族社会，鲁体民歌从民间进入宫廷，苯教“摇鼓作声”的图腾拟兽面具舞蹈也被吸收到民间综合性歌舞表演中，产生了由人戴着白山羊皮面具表演的民间艺术表演形式。到8世纪赤松德赞时建桑耶寺,在落成典礼上,莲花生将佛学教义和苯教祈神仪式及土风舞相结合,创建了一种类似于内地古代傩舞的哑剧性跳神艺术。

藏戏无疑是藏文化的一块“活化石”，其蕴含的文化内涵博大精深，但就演员自身来讲，他们也许并没有从这样的高度去认识，但有一点他们是清楚的，即江什加藏戏团很受欢迎，他们必须演下去。

地处河谷地带的江什加村同样深受隆务河的“恩宠”和滋养，据说在村落没有形成之前，这里是大片的白杨树，江什加的名字就和白杨树有关。整个村落有那合格仓、曲卡仓、鲁昂杰保仓、雅合泽仓、娘仓五个部落，村内有安多第一古塔——江什加古塔，还有一座嘛呢康，距今已有近500年的历史。江什加村房屋大多依地势而建，地势高差起伏较小，房屋以“回”“U”字形布局居多，内部道路较畅通，村落整体风貌保存较好。

同仁县热贡艺术之乡并非浪得虚名，每个村落都有自己独特的技艺。江什加村民也有一个绝技，那就是制作藏靴。藏靴是生活在农牧区的藏族人民不可缺少的必备用品，具有工艺精巧、色彩鲜艳、防寒保暖、结实耐穿等特点，且式样特别，左右可以换着穿。

江什加村民祖祖辈辈以缝制手工藏靴为生，因制作的藏靴工艺考究且经久耐用，在青海、西藏、甘肃等地十分畅销，藏靴制作也成为村民们致富的一个重要手段。江什加村手工制靴历史悠久，迄今已有600多年，由此也就有了“藏靴之乡”的美誉。

【大鹏展翅的地方】

江龙村

从同仁县南行10公里，便到了曲库乎乡的江龙村，那里有一棵梨树让我记忆深刻。江龙村几乎被各种林木覆盖，一条小溪清澈见底，两岸巨石嶙峋。那棵梨树一下子就吸引了我的目光，似乎遇到许久未见的好友，急忙上坡走到它的跟前。

这棵梨树长在一座庄廓院的墙边，庄廓院的土墙很是高大，底部用石头垒起来的地基就有两米高，庄廓院的大门是木式的，院子里有一个木制梯子通往房顶。和很多庄廓院一样，这户人家也是回廊式建筑，檐口有木雕，房屋内的客厅类似榻榻米，不过你也可以坐在矮凳上和主人寒暄，旁边就是卧室，里面有青海典型的大炕，另一间则是佛堂，神龛里供奉着佛像。

我们到来时，这户人家正在做祈福法会，法师并不是喇嘛，而是一位60余岁的老者，胡子已经白了，白发也从褐色的头巾里钻了出来，一根辫子由红绳系着盘在头顶。他敲着一面鼓，嘴里不停地念着经，眼睛有时闭着，有时朝我们张望一下。

家里的老阿妈和儿媳妇给我们倒满酥油茶，便忙着去包包子。这里的包子很有名，名字也不同凡响，叫阿卡包子。包子有肉馅，也有韭菜馅。包子蒸上锅，不一会儿，香气就开始飘荡在庄廓院里。此时，法事也结束了。包子被端上了桌子，我们真有口福，第一锅包子是给尊贵的客人吃的，包括那位法师。尝了尝，这包子应该是我平生吃过的最香的包子。

沿着梯子爬上房顶，整个村落尽收眼底，我们这时才知道，这户人家所在的是江龙农业村，远处山腰处清晰可见的那个村落，则是江龙牧业村。在江龙村，你会感到特别舒畅。这里除了高大的土墙，还有篱笆墙。这些篱笆墙，让我们仿佛到了江南。

这时候才有时间仔细观察那棵梨树。这是一棵饱经沧桑的树，但它又是如此茁壮，树冠早已超过了高大的房屋，白色夹杂着粉红色的花朵正在盛开，透过它的枝桠，一只大鹏赫然出现在视线里。

那不是一只真的大鹏，而是一座山，它的形状就像一只展翅的大鹏。位于江龙村东北方向的这座山气度不凡，被视为江龙村的守护神。远远望去，那座大山沟壑纵横，山腰间有亭台楼阁，那就是江龙琼贡寺。

江龙琼贡寺藏语称“江龙琼贡门居多杰”，意为“江龙鹏鸟不变金刚洲”，它的名字和怀抱它的山有关，因山势状若鹏鸟，故该寺又名鹏鸟寺。

江龙琼贡寺由出生于江龙村的宁玛派高僧华钦晋美南喀初建，据该寺僧人口传，华钦晋美南喀曾去西藏、西康等地学习宁玛派教法，返回故乡后，便在第一世夏日仓噶丹嘉措曾经修行的僧格则地方建成该寺。江龙琼贡寺约建于清乾隆年间，1958 年被拆毁，1980 年再次批准开放为宗教活动点。

江龙琼贡寺是同仁地区较有影响的宁玛派寺院，教徒平时多居家生产，寺院举行法事活动时则集中于寺，一般多达 580 人，全年大型活动有 5 次：农历正月初七至十三日的嘛呢会，农历三月十二至二十日的修供会，农历五月初十至十三日的静猛明王会，农历六月初一至初五的向胜乐金刚会，农历九月二十一至二十四日的八大法行会。此外，还有一些小型的诵经活动，如农历五月二十一至二十二日念诵宁玛派的中“葛杰”经，农历十月二十三至二十六日念诵“智却”经，农历十一月十二至十三日念诵嘛呢，农历十一月二十三日起念诵马首金刚经等。

正如刚刚抵达江龙村所看到的那样，江龙村林木资源丰富，江龙天然林区和西卜沙阿羊天然林区不仅是黄南州和同仁县的水源地，还是同仁县生态保护最完整，各种中藏药材种类最多的天然林区之一。

在江龙村任何一户人家的佛堂里，都能看到铜雕的佛像，这一热贡艺术技艺在江龙村有着很好的传承。

江龙村的铜雕内容大多取材于佛教故事和神话传说，近年来也有不少反映世俗风情的作品问世，使这门古老艺术更加贴近生活。江龙村铜雕像造型完美生动，神态刻画惟妙惟肖，服饰衣褶既简练流畅又富于质感，既玲珑剔透又典雅大方，色彩对比强烈而又鲜艳协调，是热贡艺术中一颗璀璨的明珠，其独特的审美观念、独有的原材料传承习俗，在藏传佛教、民间美术、建筑艺术等领域具有重要的审美价值和艺术价值。

江龙村人，尤其是江龙牧业村的人，还有一个绝活，即江龙赛马活动，它是在同仁县隆务寺周边牙浪乡塞隆哇地区流传的一种民间赛马活动。和其他地区纯粹的赛马不同，江龙赛马活动被赋予了宗教色彩，人们通过活动祈求风调雨顺、五谷丰登、人畜平安等。

【这里有个「小布达拉宫」】

木合沙

想要去拉萨布达拉宫的游客，不妨先到青海省同仁县曲库乎乡木合沙村去看看，那里有一个“小布达拉宫”，绝对会让你不虚此行。

看来很有必要给木合沙村写一段导游词，这么美丽的地方竟然鲜为人知，不得不说是游客的遗憾。

亲爱的朋友，欢迎您前来木合沙观光旅游。木合沙位于同仁县城南部，距县城 20 公里，西临泽库县的尕让村，东接多哇村，南连扎毛乡，北临古德村。木合沙是一个藏族村，由木合沙、旺加、贾加三个自然村组成，这里山大沟深，环境优美，出门见绿，地里种有小麦、油菜、洋芋，还有美丽的卓玛，适合游客长期居住。村庄统一的藏式建筑，为土木结构。

好啦，大家跟我走，千万不要掉队，咱们先来一场登山运动，第一个登上山头的游客，将奖励三个木合沙村的烤洋芋，其他人只能吃一个。

从高处看木合沙是不是更美？没错，这里的土墙绵延很远，甚至看不到头，整个村落怎么像一个大院呢？原来这是一种家庭防御体系，有点儿类似于福建的土楼风格。看似各家相对独立成个体，但修建的围墙又让整个村子连接成片，构成一个大的对外御敌整体。

好啦，今天的登山运动就此结束，主要目的就是让大家消消食，因为你们来青海后青稞酒喝多了，登山还有醒酒的作用。跟大家开个玩笑，接下来，我们就要向青海最大的苯教寺院旺加寺前进啦。那位聪明的游客悄悄告诉我，村子北面山包上的那个建筑群和村民们住的庄廓院不一样，肯定就是旺加寺啦。这位游客答对了！午饭也奖励一个烤洋芋。

旺加寺位于青海省黄南藏族自治州同仁县曲库乎乡境内，迄今已有700多年历史。旺加寺建筑风格与布达拉宫相似，因此也被称为“小布达拉宫”。

关于旺加寺，先给大家讲个故事吧。很久以前，苯教的三位瑜伽师吉东考落、琼沃琼尕仓、俄毛叶西措杰，从西藏乘坐龙、鹏、狮子来到热贡多哇地区，他们发现当地有一棵附有妖魔鬼怪的龙树，这棵树严重影响着当地百姓的生存。所以当地喇嘛仁青桑布旦对三位苯教瑜伽师说：“请你们消灭这棵龙树。”

三位大师说："有缘灭，无缘不灭。"就在他们愉快地聊天时，一位叫加毛先的妇女送来一桶奶子，说："这奶子给您们熬奶茶喝。"三位瑜伽师高兴地说，缘来了，这个缘就是朵马。朵马又是什么东西？就是由糌粑捏成用以供神施鬼的食物。三位瑜伽师就用那桶奶子和着炒面捏成糌粑做成了朵马，然后用朵马切断了龙树。三位瑜伽师用这棵龙树做了一千九百个金刚橛，这一千九百个金刚橛就是以后苯教徒发展到一千九百个的征兆。从此，苯教在热贡地区得以传播。

大家也看到了，木合沙村属于半脑山地区，村庄位于半山腰上，周边有茂密的森林及田地，"小布达拉宫"旺加寺所处的地方当然也是风水宝地。旺加寺藏语称"曼热雪珠敏林"，意为"曼热的讲修成熟解脱洲"。旺加寺在鼎盛时期曾有800多名僧侣，该寺原系贵德县却毛寺的属寺，由却毛寺的寺主却毛合仕寺主。后来随着寺院的发展形成了本寺的转世活佛系统，该活佛系统一般俗称为"旺加活佛"。现世的旺加次成木仓为第四世旺加活佛，就是木合沙村人，生于1935年，1941年坐床。

青海"小布达拉宫"一日游到此结束，午饭是木合沙正宗烤洋芋，哈哈，当然还有奶茶、糌粑、手抓羊肉。下午自由活动吗？不，下午咱们还要赶往曲库乎乡索乃亥村，它和木合沙村一样，也是中国传统村落，距离这里不远，也就是翻几座大山的路程。朋友们别被吓着，索乃亥村在一个半山腰上，前面就是隆务河谷地带，周边也有茂密的森林及田地，海拔只有2900米，景色真的很美，不去看看肯定是一个遗憾。当然了，索乃亥村是曲库乎乡气候最严酷、最贫困的村，以前最好的建筑是村小学新建的一间六十多平方米的学前班教室，现在随着旧房改造工程的实施，房子是越来越漂亮了。还等什么，赶快去那里看看吧！怕高原反应？没问题，我带了红景天，免费提供给大家。

牙什当

和「七仙女」的约会

牙什当村虽然属于同仁县扎毛乡管辖，却和泽库县麦秀林场毗邻，因此这里也成为旅游资源富集区。也许很多游客去过牙什当村附近的扎毛蝴蝶谷，热贡知名古刹德钦寺、宗科寺、宗俄寺这三座具有百年历史的藏传佛教寺院，但相信大家都没有去拜访那里的“七仙女”。

牙什当村真的有“七仙女”？哈哈，她们已经化身成七棵古树了，不信你看看：那并排而立的七棵古树，枝繁叶茂，每一根枝条随风起舞，就像仙子的裙裾在风中飘曳。这七棵古树中的“大姐”今年已经 337 岁了，“二姐”也有 280 岁了，最小的“七妹”也已到了花甲之年，但她们个个风姿绰约，身上挂满红菱，被人们视为仙女的化身。如今，这七棵古老的杨树，已经被载入《中国古树名录》。

单凭这古树群，牙什当村就显得卓尔不群。

“扎毛”，藏语意为曾经逼着赶走古人的地方。古老的羌族曾在这里繁衍生息，强大的吐蕃曾在这里饮马，蒙古人也曾经在这里留下脚印……历史更迭，时代变迁，谁被谁赶走都已经成为过去式。如今，牙什当村是藏族人的家园，这里的人们和地仓、香尕日仓、木合沙、和日两合、玉俄、卡雅合、岗日等合称为扎毛人。

牙什当村被扎毛河一分为二，该河是隆务河的主要支流，在牙什当村孕育出冬虫草、雪莲、大黄等名贵药材，如果运气够好，还能看到雪鸡、蓝马鸡、石羊、麝羊等野生动物。

牙什当村宗科寺和宗俄寺都始建于清康熙年间，至今已有300多年的历史。

无论是冬季还是夏季，在牙什当都有可能欣赏到独特的“拉什则”。拉什则是流行于同仁县一带的民间舞蹈，藏语意为神物，俗称龙鼓舞。

相传天地玄黄之时，三十三位诸神与阿修罗为争夺长寿发生了一场恶战，人间的十三战神帮助天神战胜了阿修罗。赤松德赞赞普时期，十三战神之一的拉赞木洪果神被莲花生大士派来安多地区做地方神，定居于热贡扎毛神山，拉赞木洪果将天界十二地度母表演的拉什则舞蹈传给了扎毛地区的百姓。自此，当地青年在春天到来的时节，身穿盛装，手击单面羊皮鼓，从农历正月初三至初九，天天欢跳拉什则舞，祈愿地方平安、农牧丰收、吉祥如意，年复一年，成为一种习俗，当地称这种欢庆的日子为拉什则。因此，传统的拉什则舞只限十三名男性青壮年表演，所扮演的角色就是十三战神。上世纪 80 年代初重新恢复的拉什则舞改变了以往只有 13 位男子表演的程式，参加龙鼓舞表演的人数不再受限。

拉什则节日期间，各村青年男子早早准备，互串村庄，献艺比赛，有点儿像巴西盛行的桑巴舞。这些健壮青年男子执鼓表演，节奏铿锵，动作健美、齐整，勇武之中显示了洒脱自如的性格。集体表演中，队形变化如战阵，其中也有个人的旋子、侧翻身特技表演。现今牙什当村的拉什则最为出名，享誉省内外。

和其他地方不同，牙什当村拉什则舞表演结束后，会挑选与跳舞男子数目相同的美丽姑娘来扮演王母娘娘和地母，她们一手托着盛放着锦缎、茯茶和炒面的贡品盘，一手提着沏好的酥油奶茶，轻歌曼舞、身姿摇曳，随着美妙的唱腔，舞动着将供品敬献给扮演战神的男子。

为了保护热贡文化艺术，传承和发扬民间藏戏，不断丰富基层群众业余生活，筹备了整整七年的扎毛乡牙什当民间藏戏

团于 2014 年 11 月注册成立，每年隆务地区六月会期间，他们都会无偿为当地群众送上拉什则这道文化大餐。

除了拉什则舞，六月会上必不可少的还有“勒什则”“莫合则”。

勒什则是同仁县的一种民间舞蹈，藏语意思是龙舞。相传早在 400 年前，热贡麻巴一带气候干燥，久旱无雨，于是阿尼阿拉果带领众人修渠，欲引泉水浇灌村北托洛滩上的田地，但渠道淤沙太多，泉水难以通过，众人认为，这是龙王不悦的缘故，于是阿尼阿拉果带领村里的童男童女在农历六月二十日前往泉边，向潜居水中的青龙唱赞歌、念诵词、跳舞，上香焚纸，祈求泉水兴旺，顺利过渠，保佑庄稼丰收，久而久之，这一祈祷活动成为节日，称作“鲁什则节”，意为龙舞节。后来，跳舞场地由泉边移到打麦场上，每年农历六月二十二至二十五日，全村男女老少身着盛装，齐聚打麦场上，排成长长人龙，敲锣打鼓，跳龙舞，攀龙树，喝酒吃肉，尽情狂欢，庆祝一年一度的鲁什则节，形成了热贡文化的独特现象。

莫合则是一种古代藏族军队舞蹈，是同仁地区民间三大舞蹈之一，主要在六月会期间隆务河谷地带的村庄会演。军舞是一种大型广场歌舞,类似于中原汉族聚集地的社火和西藏的“望果节”表演，具有广泛的群众性和欢庆的娱乐性，舞蹈风格体现出威武、雄壮、豪放、欢乐的特点，从中表现了藏族人民向往美好生活，祈求和平安康的美好愿望。

相传，藏王松赞干布、赤松德赞时期，唐蕃之间有时失和，在同仁与甘肃夏河和甘加一带两军交战，后经高僧调解停战。据说当吐蕃军队载歌载舞欢庆停战时，在军队驻地达加尖措中出现两条龙，一龙似虎，一龙似豹，与欢庆的人们同欢共舞，由此这一舞蹈演变而成莫合则。表演这种舞蹈时，舞者身穿彩色条纹服饰，头戴虎豹面具，手执弓和矛、刀、军旗等，高喊“哎哈——哎哈”，左转右转，边跳边排成各种队形，还舞出两军交战的场面。

最后要给爱美的女孩提个醒，如果去了牙什当村，别忘了买上一个梳妆盒，牙什当村传统民族木器技艺一流，已有两百多年历史，他们纯手工制作的梳妆盒，肯定会让你爱不释手。

和日村

【神山下的十二部落】

“琼日山山顶终年积雪，银光闪耀，山腰以上是绿茵茵的草场，山腰以下是莽莽森林，从远处望去，就像一位头戴尖顶毡帽，胸佩翡翠宝石，腰系黑绒围裙的婷婷少女。其实，这样的山在嘉绒藏区多得不计其数，人们却固执地认为琼日山最美，这是因为他们的守护神夏琼就住在这座山上……”

这篇小说里的琼日山就是同仁县扎毛乡和日村的神山，它和另一座神山云泽，一起护佑着和日村里的十二个部落。

和日村就像活在虚幻的故事中——它的子民竟然和遥远的孟加拉国有关。据传萨霍尔大将霍尔三木旦智合巴后悔自己造下的罪孽，放弃了军政大权，离开萨霍尔王国（今孟加拉国地区）前往西藏定居，公元前 645 年，他的子孙偕同家眷又迁往热贡地区，并最终定居和日沟繁衍生息。自此，逐渐形成和日村和十二个部落：宦果日仓、巴奶仓、果洛部落、官秀部落、霍尔西合部落、叶俄胡部落、卓仓、俄敦部落、热仓部落、瑞加部落、兰党部落、噶日哇部落。

和日村的平均海拔只有3200米，这在青藏高原已经属于低海拔地区了。因而，和日村除了牛羊成群，还种有青稞等庄稼。和日村坐落于两山峡谷之间，房屋逐山而建，村里的耕地自然也就成为梯田。和日村左右两山灌木成林，沟底溪水长流，共同勾勒出一幅优美的画作。村内有一座传统庙宇，庙宇内部主要以唐卡绘画作为装饰，是唐卡绘画中的精品之作。村里以土木结构为主的传统民居体现出藏家民族特色。

如果有一个足够大的放大镜放置在和日村上空，我们很快就能看到不远处的扎毛河，它在和日村附近和麦秀河汇合，然后浩浩荡荡奔向隆务河，滋养着举世闻名的热贡文化。再顺着麦秀河往上游看，还能看到位于泽库的麦秀原始森林，那里是一个原始森林自然风景区，群峰叠翠，林海苍茫，流水清澈，鸟语花香，春天繁花似锦，夏天浓荫蔽日，秋天枝头挂金，冬天玉树银花，真是一处幽静的旅游胜地。

同仁县各村落都承载着热贡文化的传播使命，哪怕像和日村这样看似偏远的村落，村民们也在不自觉中肩负起责任来。

热贡古称“榆古”，意为梦想成真的金色谷地。距今5000多年前，这里已有灿烂的马家窑文化。此后的2000多年间，西羌诸部从这里兴起，威震中原、向西挺进的辽东鲜卑族在这里上演了吐谷浑王朝的辉煌历史；公元7世纪起，吐蕃人开始成为这片土地的新主人；公元10世纪中叶，被朗达玛湮灭的佛陀香火也是从这里重新燃起的。正是历史的频繁更替，造就了热贡文化的瑰丽多彩和繁杂辉煌。

在和日村，我们不仅听到了美丽的传说故事，看到了壮丽的自然风光，也见识到了唐卡中的精品。那么，接下来要干什么呢？当然是要寻找特色美食了。

还真巧，在一户牧民家中，有幸看到了热贡烧馍。热贡烧馍是以传统古老的技艺、天然无污染的面粉、纯手工制作而成的“大烧饼”，它具有“纯、香、甜、脆”四大特点，富有营养，做法独特，造型各异，外层正面酥而香，底层脆而甜，中层软而筋度适中，酥脆异常。热贡烧馍制作技艺距今已有1800多年的历史。

相信听到这里已经有不少人流口水了，热贡烧馍兼有咸、甜两味，甜的香甜可口，久食不厌；咸的增强食欲，令人欲罢不能。热贡烧馍还具有常温下久藏不变色、不变味、易携带等特点，为当地群众接待客人、旅游携带和馈赠亲友之佳选。

由于热贡烧馍很受当地人的欢迎，现如今有的地方开始了专业化生产。不过，你在和日村见到的热贡烧馍，绝对是纯手工、原汁原味的农家美味。

历经1800年，没谁比我更专业！制作热贡烧馍，首先选用一堆硬土块，并用火烧加热，然后用木棒等工具碾压、敲碎已烧热的硬土块。与此同时开始和面，面粉加酵母、碱面、适量水及盐，有时也掺拌鸡蛋和牛奶，使得馍馍更加香脆，然后搅拌，揉搓均匀后做成偏软的面团。按照面团的大小，把部分烧热的细碎土块拍平做底，并把面团放在上面，再将剩余烧热的细

碎土块均匀地完全覆盖在面团上，使得面团受热烤熟，过半个小时左右再取出。

除了烧馍，还有锟锅烧馍可以享用。锟锅烧馍也是埋在以麦草或牛粪为燃料的炭灰中烧熟的，不过制作馍馍的面粉是放在锅里的。如果不是一个热贡烧馍的高手，就很难掌握火候，也达不到“炉火纯青”的地步。所谓“三分案子七分火”“火中求财”都是制馍师傅多年的经验。

土房村

【挂在山崖上的「山城」】

如果能够把同仁县兰采乡土房村称之为城，那它就是缩小版的“山城”——它不是依山而建，而是“挂”在了山崖上。

土房村的前面是一条深不见底的沟壑，靠近沟壑的房屋，推开窗子往下看，其实就是万丈悬崖，但人们的视觉没有这么恐怖，因为村落就如同在一个森林中，目之所及都是郁郁葱葱的树木。

就这样，站在土房村远眺，隆务河谷地带尽收眼底。而河谷间是另一种景象，夏季，那里的油菜花悄然绽放，夹杂着麦苗的绿，人家的屋顶上冒着袅袅炊烟。这一切似乎距离土房村有些遥远，高耸在半山腰上的土房村前有沟壑，背后又是巨大的山脉，像是一只无处可逃的受惊的兔子，站在悬崖边犹豫不决。

土房村的美就在背后的大山里，那里就是兰采林场。如果你想从“度娘”那里得到关于兰采林场的只言片语，是不可能的。要想享受兰采林场的美，就必须付出舟车劳顿之苦，到实地去品味。

兰采林场就如一个深藏闺中的处子，以最原始的面目示人，这里的松树霸占了整个山峰，山鸡、野兔等是它的子民，它的枝条就像天然的笼子，把外面的世界隔离开来。杨树则占据了小溪两岸，他们身材魁梧，并且最爱讲一些笑话，讲到最搞笑的地方，他们笑得弯下腰去，然后一起拍手叫好。每到秋天，这些高大的杨树还会给林场镀上一层金。

土房村距兰采乡政府驻地约八公里，主要的对外交通道路为通村公路。土房村包括阳村、阴村、完尕唐村和尕玉村四个自然村，且较为分散，村庄处于山区，交通条件相对较差。其中，阳村和阴村选址均依附脑山阶梯式地貌特征，依山就势，错落有致。平面布局根据山体的走势逐渐变化，空间布局根据高差台地逐级爬升，山村融为一体，特色鲜明。完尕唐村和尕玉村则位于河道浅滩地上，规模较小，背山，处于山水峡谷地带，且整个村域的选址结合地形地貌有机拓展，使山、水、田浑然天成。

这一布局就形成不同于隆务河谷的美景，层层梯田纵横交错，如果放在南方，这应该是最好的茶田，还会有采茶姑娘嘹亮的歌声。不过这里也不错，山上的草原如绿毯般铺开，美丽的卓玛手拿牧鞭正在羞怯地看着你，此情此景也别有一番滋味。

在土房村的山坳里，有几处不知什么年代留下的土墙，它们历经沧桑，见我们前来，欲语还休。村内的叶什江寺也是一个神秘所在，规模虽然不大，却也建造得很精致，尤其是寺院背后的山峰上，松涛声声，给人神秘之感。寺院内藏有珍贵的藏医药彩绘图册。世世代代生活在雪域高原上的藏族人民在与大自然和各种疾病的斗争中，积累了治疗各种疾病的经验，形成了独具特色的藏医药学体系，涌现出许多医学贤圣，成为中国医学宝库中一颗璀璨的明珠。

土房村民居大门仍保持着木质结构，院落基本为封闭回廊式，即四周都盖有房屋，中间留有天井。

双朋西

【最隐秘的世外桃源】

这应该是我所见过的最隐秘的世外桃源，初次看到青海省黄南藏族自治区州同仁县双朋西村,那种震撼无法用语言表达。

初春时节，沿着夏同公路一路西行，道路两侧的草场依然枯黄，没有丝毫绿意，翻越一座大山，竟然飘起大片大片的雪花，这雪一度让我们无法前行，因为根本找不到道路在哪里，而下山的道路往往是180度的大转弯,稍有不慎后果不堪设想。

走走停停，总算翻过那座大山，眼前的一幕让人惊呆了：是到了隆务寺吗？怎么和隆务寺如此相似？到跟前才看清楚，是同仁县瓜什则乡的瓜什则寺，此刻，它正静谧在一座山的臂弯里，肃穆而宁静。

这时，瓜什则草原突然闯入眼前。瓜什则草原是青海唯一汇集内蒙古九大类型草原的地区，也是中国北方草原最华丽、最壮美的地段，素有“天堂草原”之美称。如果是夏天，这里绿草如海，畜群如云，毡包如扣，河曲流银。所辖景点有集蒙古族衣食住行民俗文化为一体的“蒙古浩特”，有再现古老草原游牧民族生活景观的“游牧部落”，也有展示森林草原向草甸草原过渡带特色的“森林草原生态区”。

过了瓜什则，道路左侧便呈现出一条巨大的沟壑，沟壑的南侧，一座山峦又把我们带到了有着“东方小瑞士”之称的祁连，从山脚到山顶，挺拔的青海云杉层层叠叠，密不透风，好一派祁连风光!

稍微打了一个盹儿，再睁开眼睛时，一峰巨大的“骆驼”突然横亘在道路右前方。赶紧使劲揉揉眼睛，没错！是一峰骆驼！不过它已经化成了一座大山，红彤彤地立在那儿。

这是我见过的最逼真的丹霞景观，那只“骆驼”甚至连鼻子、眼睛都清晰可见，浑身的毛发呈暗红色，和真正的骆驼简直一模一样。在这峰“骆驼”的周围，丹霞地貌千奇百怪，犹如进入一个奇幻世界。

位于同仁县东北部30公里处的双朋西丹霞地貌，属于红层地貌，是一种水平构造地貌，是红色砂岩经长期风化剥离和流水侵蚀后，形成孤立的山峰和陡峭的奇岩怪石，是巨厚红色砂、砾岩层中沿垂直节理发育的各种丹霞奇峰。双朋西丹霞地貌发育于侏罗纪至第三纪的水平或缓倾的红色地层中，所以称为丹霞地形。

青山叠嶂，依山傍水，双朋西丹霞地貌是同仁县境内最大的丹霞地貌区，也是同仁县著名的旅游避暑胜地之一。

就这么沿着公路行走，很快就到了双朋西村。处于台地上的双朋西村整体保持较好的传统风貌，传统建筑保存较完整。村落下面是万丈沟壑，对面则是鬼斧神工、连绵不断的丹霞地貌群。

距今1200多年前，吐都旺蕃奉米拉大师之徒饿顿朝加之命，带领西藏阿里地区的雪拉部落来到此地繁衍生息，形成了双朋西村的雏形。距今700多年前，为了防御匪盗和外敌侵扰，几个散落的部落聚集到一起，形成了一个更大的村落，这就是现在的双朋西村，该村背靠山，前挨浪江河和双朋林，两侧有两条深沟作为天堑，形成易守难攻的地势。

到了双朋西，一定要去更敦群培的故居膜拜。更敦群培是一位在国内外享有盛誉的藏族学者。从1936年在藏文报纸《明镜》上发表第一篇作品，到去世为止，15年间撰写和释译103部作品。此外，还发表了20首诗作和125幅绘画作品，为后人留下了宝贵的文化遗产，在藏族文化史上占据重要地位。其故居占地面积200平方米，土木结构，是典型的藏族民居风格，故居内留藏有先生的许多著作及曾经用过的生活用品，是同仁县著名的人文旅游景点之一。

既然到了双朋西，就很有必要去环主村这个古老的藏族村落看一看，那里的修关神洞名列同仁“八大神洞”之首，是热贡地区大活佛夏日仓一世曾经修行之地，十世班禅额尔德尼·确吉坚赞大师曾亲自为该洞开光。修关神洞位于同仁县城东北38公里处双朋西乡环主村秀关寺后山。相传，凡进入此洞者，通过聆听诵经念佛及千奇百怪的自然灵异之声，可知为人善恶及因果报应。该洞垂直深度约200米，洞内有大量形态各异、惟妙惟肖的钟乳石、水晶石等，是避暑、旅游、探险胜地。

看完修关神洞，就到了秀关寺，这个看似不起眼的寺院，却出了很多藏传佛教界名人，就连喜饶嘉措这样的大师，也曾是该寺活佛的弟子。秀关寺藏语称“秀关德钦却吉颇章”（秀关寺大乐法殿）或“扎西宗”（吉祥寨），意为“晶寺”，得名于寺院所在山体多晶体岩石。寺院坐落于环主村后的秀关山坡上，约建于清初，据记载由第一世夏日仓噶丹嘉措的上首弟子曲玛贡钦·罗桑嘉措倡建；第二世罗桑丹增曾修建该寺大经堂；第三世根敦赤列伦珠曾任循化文都寺法台，成为文都寺十大活佛系统之一；第四世罗桑扎美楚占，双朋西村人，曾学经于扎西其寺，博通佛学，兼通藏医，晚年苦修于乙格等寺，有弟子代赤活佛、喜饶嘉措、阿饶仓等。

环主村也是一个藏族村落，境内地形复杂，村民住房大部分保留原貌，藏式住房特色明显。

双朋西乡另一个被列入中国传统村落名录的是宁他村，这里民风淳朴，藏民族文化、宗教文化传统特色深厚，村落四周还有古城墙环绕，城墙内有村民居住，保留了传统原貌。

日秀麻

【三百五十年的梵音绝唱】

时至今日，啊吾乎村古堡仍然以残缺的面孔屹立在同仁县黄乃亥乡日秀麻村，似乎要向过往的行人诉说它曾经的辉煌。

但是，没有人能够听懂它在说些什么，只有风儿把它的话翻译给了飞鸟，飞鸟又将它的故事撒在了天空。没有人抬起头注意到天空的变化，人们的脚步永远都是那么匆匆。因此，有关啊吾乎村古堡的故事不再完整，我们仅仅知道它修建于清代，呈不规则长方形。

在以往的探访中我们发现，热贡地区古堡群集中在隆务镇，以保安、年都乎、郭麻日、吾屯“四堡”最为出名。古堡群的出现，源于隆务河独特的地理位置和自然环境。有着“金色谷地”之称的隆务河流域，土地肥沃，又是通往青海藏区腹地的门户，自古就是兵家必争之地，战时御敌，平时屯田，是古堡群的主要功能。

但是，啊吾乎村古堡很让我们疑惑，单就地理位置而言，作为军事要塞的理由很充足，它所在的日秀麻村的南面就是“四堡”之一的年都乎。可它形成的年代却是在大清王朝，那么它究竟要防御谁呢？

也许我们想得太多了，一个古堡的形成有时候根本不需要理由，也不需要一整套的故事做铺垫，它仅仅是人们赖以生存的家园。

不过，从残垣断壁中还是发现了专属于啊吾乎村古堡，或者说日秀麻村的奇特人文景观，那就是热贡念唱嘛呢。

热贡念唱嘛呢起源于清朝1667年间，有着18种音调，把经文谱曲，以唱的形式传教延续至今。

念唱嘛呢每年农历五月份在农闲时节举行，为期15天，在此期间，全村男女老少着装要整齐，待人要礼貌，举止要和善，要停止一切生产、生活劳动，家中也不能有外来人进行生产、生活劳动，出门在外的人必须回来参加念唱嘛呢活动，缺席者得交付一定的经济补偿。

念唱嘛呢的场所历来选定在离村庄较远的地方，也就是说，离开人间的烦事，到清闲、幽静的“嘛呢岗”，在一顶能容纳近千人的帐篷里集体念唱，以表暂时离开人间烦事，集中精力念经求佛。现在，啊吾乎村古堡内“嘛呢岗”的遗址仍在。

每年举行念唱嘛呢时，第一天必须请隆务贡活佛来主持，从第二天起就由隆务贡活佛的四位侍从阿卡来主持，在念唱嘛呢的同时，还有各种祭祀活动。念唱嘛呢从早上八点多开始，除吃饭外，都要不间断地念唱，由主持人领唱，群众跟着念唱，每天都要念到下午六点才能结束。念唱嘛呢的音调也不断变化，18 种音调必须在 15 天内念唱完。

在念唱嘛呢的 15 天内，村中有人去世的家庭，会在此期间供众人吃喝，点酥油灯，以表对故人的怀念。除此之外，每天的饭食以几户为一组轮流供给，每天要吃四五顿饭，因禁止吃肉，大家都吃酥油、炒面、馍馍、奶茶等。

这样的活动要持续到第十五天下午六点才结束，但此时仅仅是在“嘛呢岗”的念唱嘛呢活动结束了，与念唱嘛呢活动相关的活动还没有结束。之后不久，还要用 8 天的时间念唱嘛呢，其中 5 天必须要连续进行，其余 3 天可休息几天后再继续。此活动固定在本村庙堂里举行，念唱人自由决定，可多可少。与念唱嘛呢活动相关的最后事项，是在正月十五至二十一日举行，活动方式和内容与以上相似，都是念唱嘛呢，以上三项活动都完成了，才算一年的念唱嘛呢活动全部完成。就这样年复一年，具有鲜明特色的传教形式延续至今。

日秀麻村是黄乃亥乡政府所在地，海拔 2800 米，四面环山，山顶终年云雾缭绕，村庄以农业为主，油菜花开的季节，整个村庄周围似乎铺上了一层金黄色的地毯。离啊吾乎村古堡北面约三公里处，有一座藏传佛教寺院——扎西吉寺，寺院坐落在半山腰，周围环绕着郁郁葱葱的原始森林，给寺院平添了一份宁静而沧桑的味道。

此时此刻，人们开始留意夕阳笼罩下的啊吾乎村古堡，在梵音袅袅中,它正陷入一片金色的海洋中,不是仙境,胜似仙境。

吉仓村

【远古村落的美丽嬗变】

很多人说，对古村落的调查是一件幸福而愉快的事情，可以第一时间看到古村落的古朴之美，还可以品尝到最原始的美味。

可是，他们并不知道，这项看似“风光”的工作要历经千难万险，甚至还要面临痛苦。最起码，面对同仁县加吾乡吉仓村时，就是这样一种感觉。

当经过一路颠簸到达吉仓村时，不得不为它的美丽而惊叹，这个和西宁相距 167 公里的小山村，在山坡上是那么恬静和羞涩。村内的一条柏油路虽然蜿蜒崎岖，却给人带来浓郁的现代农村气息。没错，作为一个高原美丽乡村建设项目村，旧房改造后，每家每户的大门越来越敞亮，大量的土坯房早已被砖房取而代之。

崭新的古村落！这是吉仓村带给我们的“痛苦”感觉。也许我们存在一种偏见，认为越是古老的，就越是文化的。因此，我们不断追寻古老的印痕，希望从一砖一瓦或是一段残墙上，找到传统文化。在这个过程中，我们没有考虑村民们的感受，尤其是在青海这个曾经闭塞落后的地方，他们长期蜗居在用泥巴建造起来的房子里，甚至还曾住在昏暗的窑洞里，土坯房成为青海很多古村落民居的代名词。村民们渴望住进宽敞明亮的大房子，我们应该为他们拥有崭新的砖房而高兴。

在吉仓村，不仅房子的外观变了，新居里还多了“节能炕”，这种炕距离地面八至十公分，可有效减少热量散发，节省了燃料，提高了取暖温度，而烟雾通过烟囱排放出去，有效避免以前暖炕易发生的空气污染。

这真是一场远古村落的美丽嬗变！

虽然多数房屋旧貌换新颜，一些古老的土墙仍在吉仓村散布，如此也别有一番景致。我想，新旧建筑间也许正在完成一种文化上的交接，让传统文化继续传承下去。

其实，建筑并不是传统文化传承下去的骨髓，而是我们人为地将文化转嫁到了建筑上，就比如吉仓村新建的文化广场，人们照样在这里跳着卓舞，他们似乎比之前跳得更为欢快，因为以前在裸露的土地上跳舞，总会让新衣服沾上泥巴。

卓舞是吉仓村人的最爱，其实就是人们所说的锅庄舞，“天上有多少颗星，卓就有多少调；山上有多少棵树，卓就有多少词；牦牛身上有多少毛，卓就有多少舞姿”。在吉仓村，我们似乎从锅庄舞的影子里找到了传统村

落的精髓。

锅庄舞是藏族的民间舞蹈，在节日或农闲时，吉仓村的男女就会围成圆圈，自右而左，边歌边舞。据说锅庄舞早期与西藏奴隶社会的盟誓活动有关。

除了卓，锅庄舞还有几个别名：果卓、歌庄等，整个舞蹈由先慢后快的两段舞组成，舞者手臂以撩、甩、晃为主变换舞姿，队形按顺时针行进，圆圈有大有小，偶尔变换“龙摆尾”图案。锅庄舞舞姿矫健，动作挺拔，既展舞姿，又重情绪表现，舞姿顺达自然，优美飘逸，不但体现了藏族人民纯朴善良、勤劳勇敢、热情奔放的民族性格，而且有一定的力度和奔跑跳跃的变化，动作幅度大，具有明显的体育舞蹈训练价值和锻炼价值。

关于锅庄的起源有两种说法：一种说法是西藏拉萨修建大昭寺竣工后，格萨尔王命令所有的观众围着寺庙欢歌，延续下来成为一种圆圈舞；另一种说法是藏族的房子中间设灶房，置三脚架，遂围起来跳，是“足之蹈之，手之舞之”的一种舞。

关于锅庄舞，还有一个传说故事：远古的时候，人们不知道什么是舞蹈，更不知道用舞蹈来解除疲劳，他们整天就知道劳动，死气沉沉，没有一点儿欢乐。在一个叫达折多的地方，有一个富裕的土司，他有两个聪明的奴隶：一个叫弦子，一个叫锅庄。有一天，他俩结伴外出，也不知走了多少路，忽然发现一片美丽的湖泊，弦子十分高兴，随着水波的荡漾跳起舞来。

忽然，雷声大作，山雨欲来，锅庄随着翻滚的乌云也手舞足蹈，仿佛要把心中的愤怒一起倾泻出来。从此以后，每当疲劳难耐、心中烦闷时，他俩就会用舞蹈来摆脱烦恼。不久，这件事被土司知道了，他命令弦子和锅庄把摆脱烦恼的方法画下来，然后把他们杀了。但是，用舞蹈摆脱烦恼的方法已经在各地传开，人们为了纪念弦子和锅庄，就把弦子跳的舞叫“弦子舞”，把锅庄跳的舞叫“锅庄舞”。

哈哈，在吉仓这个藏族村落讲锅庄的故事，恐怕三天三夜也讲不完，我们就此打住，还是来看看这个传统村落还有哪些新的变化吧。

浪漫主义者总是认为，青海高原草场辽阔，蓝天白云下，牛羊成群，牧歌声声，人们幸福得实在没事做，就跳起了锅庄舞……其实，虽然地理位置处于青海牧区，但吉仓村却是一个纯农业村，它位于同仁县脑山干旱地区，之前村里没有水，没有电，老百姓只能靠天吃饭，没有像样的道路，外界的人走不进来，里面的人也很少走出去，是一个贫困落后的小村庄。

穷则思变，如今吉仓村大力发展地膜马铃薯、杂交油菜、沙棘等农产品的种植，尤其是吉仓村的“加吾洋芋”，在省内小有名气，加吾吉仓东果马铃薯种植专业合作社的牌子也挂了起来，同时村里还组建成立了五个牛羊养殖合作社，还有那漫山遍野的沙棘，都成了村民们的“金果果”。

一座座敞亮的农家新居，一条条平坦宽阔的水泥马路，一片片农田瓜果飘香……一幅生产发展、环境优美、乡风文明、村民生活富裕的新画面，这就是黄南藏族自治州同仁县加吾乡吉仓村村民幸福生活的剪影。

贾加村

【黄河眷顾的净地】

九曲黄河对尖扎县还是非常慷慨的，留给这里一个丹山碧水的美景，站在贾加乡贾加村旁的审宝山，既能看到黄河的雄浑与壮观，也能看到贾加村的别样风景。

贾加村是被黄河眷顾着的一个净地，不来这里你很难想象得出它的静谧与安详。和尖扎县大多数地方不同，贾加村四周的山是绿的，山坳中有平整的土地，地里的麦苗也绿得可爱。村中的树木稀稀落落，这恰好把古朴而原始的庄廓暴露在阳光下，更加璀璨夺目。

贾加村位于青海省东南部、黄南州北部，东北绝大部分以黄河为界，与化隆县相望，东南与循化县接壤，西与贵德县相连，南与同仁县毗邻，地势西高东低，山川秀美。村落有贾加岗俄康一座，是宁玛派教徒修习和举办法会的重要场所，寺内珍藏有数十位宁玛派高僧活佛的舍利子和信物，以及珍贵的唐卡等文物，是尖扎境内屈指可数的宁玛派俄康之一，也是安多地区著名的十二座宁玛派俄康之一。现在，贾加岗俄康每月都会举行各类大小法会。

青海宗教文化异常丰富，仅藏传佛教就有宁玛派、噶举派、萨迦派、格鲁派等。宁玛派是藏传佛教中最古老的一个教派，此派教法专修密宗和咒术，并且以传承弘扬吐蕃时期所译的旧密为主。此教派从组织和类型上分两种：第一种，其教徒是剃度的出家人，住在寺庙进行正规的宗教活动；还有一种被称作“阿巴”或“宦”，但在汉语中没有统一的称谓，青海民间对他们称呼最多的是“本本子”。在同仁、化隆等地藏族村落探访时，我们曾遇到不少“本本子”在念咒施法。“本本子”既在寺庙念经做法事专门从事宗教活动，又娶妻生子并从事日常生产活动，千百年来，他们自由地活跃在藏区民间，有着自己的寺庙组织，其宗教法事活动、日常修习内容和仪轨，以及服饰装束等都有着自己的特色，不同于宁玛派的出家僧人。“本本子”作为一个群体，被称作“俄芒”（“俄”即密咒，“芒”为多之意），他们进行诵经供佛等法事活动的寺庙相应地称为“俄康”（密咒殿），而四周供养和信奉他们的村落称为“俄第”（“第”为村子之意）。

因此，我们在贾加村见到的是贾加岗俄康，而不是贾加岗寺。

宁玛派密咒师最重要的外部特征是一生都蓄发留辫，将长长的发辫缠绕在头顶，再用头巾裹住，头巾大多用红布，部分也用黑布，依不同的地区而异。这种发辫被称作“俄拉”，意即密咒之发辫。密咒师开始蓄发时须经活佛或上师诵咒加持灌顶，发辫对他们而言是非常神圣的，终生不得剪发或拆散，除非在特殊场合，如见自己的上师和活佛时可以拆下缠绕在头顶的发辫以示

朝拜和尊敬。

宁玛派密咒师的法事和祭祀活动非常独特，教法中包含深奥繁冗的内容和纷繁复杂的仪轨程式，各种法事功能各异，各具特色。诵经作法需要诸种法器并要做诸种装扮装饰，还要供献、酬酢诸佛菩萨和各种神祇，制作各种施食及模型。

密咒师们依据诵经仪轨的内容制作了一种称作“亚居康桑”的模型，这是一种禳灾供神用模型。“亚居康桑”意即高高供献之妙善宫殿，用白羊毛线缠绕木条做的房屋楼阁模型，呈白色，专门用于祭供十三战神，而且在诵经完毕后要供在山顶等高处，内装各种食子、供品和塑像。模型顶的造型包括五行标志、战神随从、四角还有伞盖等。十三战神的图像分别挂在模型四周十三个方位，并有其名称、身色、坐骑、五行相的说明等。

就像刚才说的，鉴于这个模型和仪轨程式太过繁杂，内容过于丰富，这里就不一一介绍了，要不恐怕各位会听睡着了。想要看密咒师精彩的祭祀活动，可以留下来继续等待。需要提醒的是，和牧区不同，贾加村的密咒师有固定的俄康活动场所，定期集体进行诵经会等法事活动，“初十”诵经会供在农历的每个月初十进行。其余时间各自在家务农或自己闭观静修，或为村民进行一些日常的宗教事务，一般应村民之需要而定，比如占卜打卦、推算吉日和超度亡灵等。

【探秘安多第一宅院】

尖巴昂

前往尖扎县昂拉乡尖巴昂村，就要先穿过一座大桥从黄河北岸去往南岸。清清的黄河之水，让南岸充满勃勃生机，树木掩映中，一座白塔格外醒目。沿着新修的乡间小道，碧绿的庄稼不断往身后疾驰而去，前行十多公里，就到了被称为安多第一宅院的昂拉千户庄园。至此，也就到了尖巴昂村。

可以说，尖巴昂村因昂拉千户庄园而声名远播，或者说，昂拉千户庄园的恢弘让再美的村落也黯然失色。

五米高的照壁、七米高的院墙、九米开外的门楼，威严的气势让每一个初来昂拉千户庄园的人都不由得为之一振。照壁正面由 67 组正方形砖雕组成，图案均为佛教万字符，刀工精湛，残留的上色依稀可辨。照壁是中国古代宅前客人下马处，是典型的汉式建筑特点。

昂拉千户庄园是青海全境乃至安多藏区保留比较完整的藏式贵族庄园，融藏汉建筑、木刻和壁画艺术之精华，豪华而不失典雅，威严而不失清秀。庄园始建于清代，1941 年重建，1949 年竣工，由尖扎地区昂拉第七代千户长重建成现在的规模。

该庄园是一栋院落式庭院建筑，其豪华程度不亚于皇宫大院，四周全是封闭式夯土大墙，高达七米有余，显得既安全牢固，又威严气派。庄园总占地面积为四千六百平方米，园内分上、下两院和佛殿三层，以四合二层为主，两院三层共九十七间房屋两千七百平方米，设有佛堂、办公室、会客厅、卧室等，比西藏自治区江孜县著名的帕拉庄园还多五十间房子。可以说，“藏有帕拉庄园，麦有昂拉本仓”。也就是说，多麦藏区的昂拉庄园，完全可以与藏地的著名旅游景点帕拉庄园相媲美！有关专家称赞这里是“安多藏式建筑的一颗明珠”。

据历史记载，昂拉千户是吐蕃王朝赤热巴坚的后代，为了守卫边界和征税，公元 492 年吐蕃王朝赤热巴坚大臣（征税者）贡叶西达杰到这一地区居住生活，成为尖扎两岸的头人。昂拉千户是 1657 年清顺治时期册封的世袭封建官职，并世袭至第七代子孙项谦东知。项谦东知出生于 1903 年，1929 年接任千户一职，集神权、祖权、政权于一身，管辖昂拉八庄及贵德、尖扎部分地区，形成了强大的地方武装势力。

在解放昂拉地区时，由于受当时国民党残余分子煽动，昂拉千户项谦东知采取不配合、抵抗的态度，拒绝任何谈判，并发动了武装叛乱。青海军政委员会及各界代表主张军事进剿，并在黄河对岸发射炮弹进行威

慑。时任西北军政委员会副主任、西北局书记的习仲勋力排众议，提出以政治争取、和平解放为主，先后 17 次组织前往昂拉地区进行谈判，经过两年的努力争取，项谦东知对党的民族政策有了充分了解，最终归顺了政府。

此后，毛泽东主席在接见习仲勋时说：“仲勋，诸葛亮七擒孟获，你比诸葛亮还厉害！”周恩来总理也对习仲勋和平解放昂拉给予了高度评价。

昂拉千户庄园建筑风格独特，全部用木质结构建造，以四合二层木质结构建筑为主，坐西向东，第一进院四面皆为面宽七间、进深两间的丁顶土木结构二层楼，第二间进院正面为单层山顶砖木结构正房，面宽五间，进深三间，西面建平顶土木结构厢房，正面两侧各有一座小角院，为佛堂。整体设计精巧，做工精细，充分体现了20世纪安多藏区民居建筑的独特风格，为典型的安多藏汉混合式建筑，具有相当高的观赏、科研和历史价值，在青海地区民宅中首屈一指。

庄园总体上傍山滨水，依势而筑，尤其在近六平方公里的公伯峡人工湖旁，显得更加气派和独树一帜。与传统汉式院落不同，昂拉千户庄园民族特色鲜明，虽是二进二出，但上院却在下院顶上，上下两院由下院中厅一座15级梯阶相连。上院建筑与下院形制基本相同，只是中厅为独立建筑，周围有小道环顾，两旁则设有佛龛和经堂，并各有一座通往房顶的木梯。

顺着木梯攀上屋顶，视野豁然开朗，黄河岸边的景色尽收眼底，尤其是南侧大门方向，连绵起伏的丹山让人赏心悦目。不过这时我才发现，因为昂拉千户庄园过于张扬，让村内其他建筑都失去了颜色。

其实仔细“阅读”，整个尖巴昂村这本书还是很有看头的，无论临近千户庄园的民居，还是稍远处靠近山根的院落，处处都彰显着古朴和耐人寻味。整个村落基本保持了原始风貌，高大的树木比比皆是，一条小溪更让村落充满了生机。除了千户庄园，村内还有昂哇寺石刻千佛像、嘉木羊二世故居等名胜古迹。

在离开尖巴昂村时，有人发出了这样的感慨：墙垣虽已侵蚀，廊柱依然挺拔，昂拉千户庄园仿佛一位历经岁月的老人，用已经凝固的音符默默诉说着历史的年轮。

吐蕃赞普和这里结缘

牙那东

这应该是我所见过的最夺人眼目、摄人心魄的佛塔，它静静地矗立在黄河岸边，四周高大的树木似众星捧月，这个就是昂拉佛塔，就在尖扎县昂拉乡牙那东村，和吐蕃赞普赤热巴巾有着密切的关联。

无论是从西宁前往旅游胜地黄南，还是从同仁返回青海省城西宁，都要和尖扎县擦肩而过，这个以“五彩神箭”著称的高原小城，不仅有着坎布拉国家地质公园的骄傲，其境内黄河之美也令人惊叹。也就是在这里的黄河滩地上，一座高大的白塔格外醒目，和这座白塔一同受到赞叹的，还有周边绝美的景色：万木葱茏，绿草茵茵，宛若一个巨大的绿洲。

怀着兴奋的心情终于抵达牙那东村，不少庄廓院以及附近的麦草垛在树林中忽隐忽现，唯有那座白塔始终不曾在视线中消失，原来在黄河北岸的公路上，尤其是在高高架起的高速公路上，我们看到的白塔是建在河滩里，但真正到了牙那东村才发现，白塔原来修建在一个山坡台地上。

从地理空间来看，牙那东村并不遥远，距离尖扎县城仅有六公里，不像有些村落隐藏在大山深处。牙那东村东北与马克唐镇接壤，西与措加村交界，南靠本乡东加村，交通优势、沿黄优势明显。

随着对牙那东村的探访，我们发现这座白塔确实非同凡响，它竟然来自遥远的大唐。据介绍，白塔建造于公元9世纪左右，是在吐蕃赞普赤热巴巾时代建成的，其装藏的圣物就是吐蕃赞普赤热巴巾的宝髻。后在14世纪创建昂拉赛康时，以吐蕃时期遗留的佛塔为核心扩建成了现在的昂拉佛塔，并被命名为“安多确丹让墨”，即“安多长塔”或“安多第一塔”。

和吐蕃赞普赤热巴巾有关的佛塔在青海还有一处，那就是贵德县的乜纳塔，又称“贵德白塔”“弥勒塔”。相传该塔的基部有避水宝珠，经黄河千百年冲刷仍不坍塌，被誉为“避水宝塔”。这座佛塔初建时期和昂拉佛塔一样，也是在唐代，《安多政教史》记载：吐蕃赞普赤热巴巾曾北征到此，于汉藏交界处建成此塔，内贮其发辫。

从公元7世纪到9世纪，即吐蕃王朝松赞干布、赤松德赞、赤热巴巾三位赞普在位期间，与唐朝会盟，仿效唐朝治理吐蕃，并大力扶持和尊崇佛教，为藏传佛教的发展发挥重要的作用。这三位赞普被后人称为“三法王”。藏族人认为，“三法王”分别是密乘三怙主莲花部观世音菩萨、佛部文殊菩萨、金刚部金刚手菩萨的化身。

赤热巴巾 13 岁时成为西藏秋嘉王朝第三十七代藏王，20 岁时发心弘扬正法，从天竺（今印度）迎请堪布寂护入藏以树立圣教法幢；公元 810 年从天竺迎请莲花生大士进藏，当时莲花生大士已 1000 多岁了。莲花生大士降服了人与非人的种种障碍，使藏地的鬼神都发誓护持正法。赤热巴巾还修建了赫赫有名的桑耶寺。

赤热巴巾还是大唐的女婿。公元 710 年，唐金城公主携带绣花锦缎数万匹、工技书籍多种和一应使用器物入蕃，嫁给了吐蕃王赤热巴巾。金城公主入蕃后曾资助于田（今新疆境内）等地佛教僧人入蕃建寺译经，并向唐朝求得《毛诗》《礼记》《左传》《昭明文选》等典籍。公元 821 年，吐蕃王赤热巴巾三次派员到长安请求会盟。唐穆宗命宰相等官员与吐蕃会盟官员在长安西郊举行了隆重的会盟仪式。次年，唐朝派刘元鼎等人到吐蕃寻盟，与吐蕃僧相钵阐布和大相尚绮心儿等人结盟于拉萨东郊，史称“长庆会盟”。会盟双方重申了历史上“和同为一家”的甥舅亲谊，商议今后“社稷如　”。

但历史有时也会跑偏，公元 842 年，吐蕃王朝因王室内讧和部族之间、将领之间的混战而分裂瓦解，出现众多互不统属的地方势力，它们各占一方，互相征伐，战争连绵持续了 400 余年，自此吐蕃王朝不复存在。

下排村

【走进尚尤则柔的故乡】

天下黄河贵德清。在青海省贵德县，任你怎么跳进黄河，都能“洗得清”，因为这里的黄河本身就是清如许，明如镜。加上两岸芦苇丛生，水鸟蹁跹，贵德又被称为“青海小江南”。

每到四五月份，贵德县还会被千万朵梨花包围，落英缤纷中，香气四溢，沁人心脾，好一派高原梨都美景！

紧邻县城西侧的下排村就有很多梨树，从它们伸向高空的树冠就不难判断，它们已经经历了百年沧桑。然而，这些梨树风姿不减当年，枝桠从人家的院墙上探出头来，把大朵大朵的花朵毫不吝啬地裸露在阳光下。这些“出墙”的梨花，成为游客们的最爱，他们停下车来，顾不上农家小院里疯狂的狗叫声，把那些花朵扯到鼻子下使劲嗅了再嗅，就像久未相见的情人难舍难分。

但是，这次到下排村不是来赏梨花的，而是前来寻找“尚尤则柔”的。

尚尤则柔不是一位美丽的卓玛，却胜似卓玛，它是下排村专属的一种藏族舞蹈。听村里的老人讲，当年马步芳驻军来贵德，点名要看尚尤则柔表演。

尚尤则柔的名字虽然拗口，但在藏语中的意思却很简单。20 世纪 70 年代之前，始建于清代中期的下排村一直叫尚尤村，“则柔”在藏语中则是“舞蹈、嬉戏、玩耍”的意思，用通俗的话来翻译，尚尤则柔就是“尚尤村舞蹈”的意思。

一个村落的专属舞蹈不仅声名远播，还入选国家级非遗项目名录，甚至在村里还挂牌成立了保护协会，其魅力肯定不一般。

下排村是一个藏族村落，和其他藏族群众聚集地一样，这里也是一个民族舞蹈的大舞台，藏族民间歌舞在这里十分盛行，尤其是古老藏族艺术传统尚尤则柔，表演风格独特，表现丰富，在藏族舞蹈艺术中有广泛的代表性和显著的典型性，舞蹈作品结构、节目表演形式等均达到很高的艺术成就，其种类、曲目的储藏量很大，居藏族舞蹈之首，具有很高的艺术价值。同时，尚尤则柔的古老性和深邃内涵，在人类学、民族学、民俗学等方面都体现出重要的学术价值。

此外，尚尤则柔种类繁多，内容以对家乡、自然风光等的歌颂为主，并广泛反映群众生活的各个方面，充分抒发思想感情。它不但表现出强烈的自娱性，而且具有非常浓厚的庆典性、仪式性和高超的表演性。

在下排村，和尚尤则柔并存相伴的，还有一处看得见摸得着的文化富矿，那就是文昌庙。文昌庙位于河西镇下排村二社西边约 100 米处，亦称“河西文昌宫”，藏语称“尤拉康”。文昌庙始建于明代后期，清同治六

2016 3

年毁于兵火，清光绪三年至光绪十三年由汉藏官绅捐资修建，1958 年后遭破坏，全部建筑荡然无存。1984 至 1995 年由当地百姓在县内外募化筹建，历经 10 余年，在原遗址上按原规模复建，该庙东西宽 64 米，南北长 80 米。全部殿堂依山坪坡开辟三个平台而筑，坐西朝东，形成台级式的寺观，登石级而上，第一平台建有山门，山门外为东西配殿。第二平台上三面修建有楼阁。东楼为奎星阁，坐西朝东，面阔三间，进深三间，歇山式建筑。南楼为娘娘阁，坐南朝北，面阔三间，进深三间，硬山式建筑。北楼为火祖阁，坐北朝南，面阔三间，进深三间，硬山式建筑。南北两角为钟鼓楼，三平台上修建有雄伟的歇山顶式大殿，面阔五间，进深三间，殿内塑有文昌帝君的塑像。整个文昌庙建筑风格多样，前面建有四柱七楼牌坊和四柱三楼牌坊，南北两侧修有重檐八角亭，入口处有一座卧桥，气势宏伟，融合了汉藏风格和西北地方建筑的精华，在当地颇负盛名。文昌庙整个建筑布局严谨，结构精巧，错落有致，雕栏画栋，气势雄伟，堪称贵德寺观建筑之最。

文昌庙闻名遐迩，史书多有记载，《安多政教史》云：“贵德地区地方神的神庙，位于日安德吉沟的沟口，这座庙的后山，远看像个宝座，所以被称为‘赤尕’宝座台。”民国时期编修的《贵德县志稿》载：“文昌庙，在城西十二里古边墙外，依山傍岭，河流萦绕，汉藏信仰，士民供奉，每逢朔望，香烟甚盛，有事祈祷，灵验显著，久为汉藏祈福消灾之所……”

随着动画片的热播，葫芦娃的故事可谓妇孺皆知，而在下排村，也有一个类似葫芦娃的故事：相传下排村自古少男丁，说来也怪，这一年村中一连出生了12个男孩，而这12个男孩也没有辜负村民对他们的期望，成人之后有的能说会道，专帮别人打官司；有的则身强体壮，保护着整个村庄的安危。人们为了纪念他们，就为他们修建了俄博，世代供奉。如今，在下排村的山坪台上，仍有十三个嘛呢堆一字儿排开，组成了十三母子俄博。

刘屯村

【明代大将遗落在高原的珍珠】

1377年，朱元璋登上皇帝宝座已有十年时间，大明王朝天下太平，海晏河清。但此时，在青海地界，发生了一件丢了大明脸面的事儿，乌斯藏在给大明运送贡品时，遭到吐蕃残部抢劫。

一生戎马的朱元璋自然震怒，同年农历四月，派邓愈任征西将军，和副将军沐英前去征讨吐蕃反抗势力。邓愈、沐英领兵进入甘肃、青藏，分三路前进，深入吐蕃腹地，追杀敌人至昆仑山，俘虏斩首万余人，缴获马、牛、羊20余万匹，并且招降诸国，开辟疆土数千里。朱元璋闻听捷报，降旨嘉奖邓愈，赐红蟒暖袍一件，玉带一围。

可惜的是，邓愈在班师回朝途中生病了，当年十一月初九到达寿春的时候，因病去世。朱元璋闻讯大哭，停止上朝三天，亲迎灵柩祭奠，并追封邓愈为宁河王，谥号武顺，画像挂在太庙中享祭。朱元璋还亲自选择墓地，将邓愈安葬在南京雨花台，墓前置六对石翁仲、石马，山上遍地松柏，禁止砍伐打猎，并命人将邓愈的功绩写入《洪武功臣录》。

其实，在灭吐蕃之前，邓愈就曾和青海有过交集，1370 年，即明洪武三年，邓愈跟随徐达远征甘肃，深入青藏。邓愈率兵奋战北元残军王保保部，斩首 2000 级，俘获王爷、公爵以下百余人，士兵 8 万多人，骆驼、马匹、辎重不计其数。同年农历八月，攻克河州（今甘肃临夏）、乌斯藏（今西藏中西部）诸部，招降吐蕃（今川、青、藏交界地区），追击北元豫王至西黄河，在黑松林斩杀元大将阿撒秃，大军深入甘肃西北数千里。因此，河州以西皆属明朝版图。他由此被晋封为荣禄大夫、右柱国，封卫国公。

也正是在征战吐蕃期间，邓愈委派河州左卫指挥修筑贵德城（现存贵德古城）。贵德城建成后，又在河州卫选拔世袭百户刘庆、王猷、周鉴三人，各携眷口，赴贵德守御城池。其中，刘庆驻守地就是今天我们将要探访的贵德县河西镇刘屯村。

刘屯村最早为刘屯寨，属于明朝屯边形成的“贵德十屯”之一。它位于黄河南岸巴吉西山、铁巴拉南山脚下，地处黄河上游贵德盆地西南端的河谷阶地。村里各家各户的院落几乎都掩映在树木葱郁之中，田间地头，房前屋后，凡是能栽树的地方都有树，白杨树、榆树、垂柳、椿树、槐树、梨树、桃树、杏树、苹果树、沙枣树等在这里随处可见，身处其间，让人有几分世外桃源的感觉。

刘屯村西北侧就是大名鼎鼎的文昌庙，这个依山坪台修建的庙宇正殿是砖木结构歇山顶式横坊斗拱建筑，雕梁画栋，正殿殿脊、屋面瓦全部是优质深绿色琉璃砖，并在屋脊饰以镏金宝塔。石阶是整个建筑群的轴，左右对称，由两道牌楼、山门、石阶及楼阁组成，充分体现了中国传统建筑的特色，而局部装饰以及殿内布局和塑像造型体现出汉藏合璧的特点。

刘屯村有上刘屯和下刘屯之分，古老的刘屯寨就在下刘屯村，寨墙东侧为通往上刘屯的马路。如今，刘屯寨寨墙损毁严重，仅存西侧一段寨墙，残高五米。刘屯寨呈长方形，东西宽 100 米，南北长 150 米，南墙开有双门。为了应对突发情况，刘屯寨东面还建有马新庄堡和刘家堡。据村里老人回忆，刘屯寨昔日有刘屯闇门、边墙、烽墩、刘庆寨、刘家堡、马新庄堡等防御实体。寨门顶部有门楼三间，登城道在南墙内，由东向西到达寨门楼，寨门外右侧是二郎庙，大殿坐北朝南，庙门向东。这些古迹于 1958 年被人为毁坏殆尽，仅残存一处烽火台。

贵德在历史上是东至河州，北上西宁，西南通果洛的交通咽喉重地，而刘屯寨正扼守在北通西宁的贵德黄河浮桥和西南通果洛的德吉温泉沟口，历来就是一个交通交会点。

刘屯村这个古老的村庄，从明初设屯至今已有六百余年的历史，它和刘家堡、马新庄堡构成一个防御实体，成为屯田军民组成贵德城西征讨匪患，安定地方坚固的桥头堡。刘屯村处于“诸番环居”的民族格局之中，扼守交通要冲。屯寨、城池象征着国家政权，文明程度较高的刘屯先祖移民进入文化相对落后的民族地区以后，为了防备汉文化被其他文化同化，自觉地采取多种方式，有意识地使自己的文化不因社会环境的改变而改变，刘屯村至今仍保留着自己独有的方言体系。

【羌姆跳进昨那和罗汉堂村】

拉西瓦

想要将贵德县拉西瓦镇昨那村和罗汉堂村区分开来有些难度，两个村落同属中国传统村落，又手挽手同在一个地方，就连村民们的文化活动也是高度一致的，比如说，两个村都有跳羌姆和鹿舞的风俗，以及盛行格萨尔藏戏演出。

昨那村和罗汉堂村临近黄河，交通良好，地形地貌属于高山平地。这里日照时间长， 太阳辐射强，春季干旱多风，夏季短促凉爽，秋季阴湿多雨，冬季漫长干燥。这里被誉为“青海小江南”，气候自然不错，甚至可以种植西瓜。

始建于 1923 年的昨那寺属藏传佛教宁玛派寺院，属省级文物保护单位和省级非物质文化遗产鹿舞（羌姆）、格萨尔藏戏的传承者。尤其是这里的格萨尔藏戏，曾受到文化部、国家民委、中国文联、中国社科院的表彰。

昨那寺院舞蹈羌姆历史久远，据藏文史书《巴协》等记载，在8世纪吐蕃王朝赤松德赞赞普时期，莲花生大士把藏族土风舞与宗教结合起来，导演成一种面具哑剧舞，后经四川西康佐欠寺的宁玛派秘笈法师贡保活佛于1273年创编，到了明末清初流传至贵德昨那寺，至今已有400多年历史，传承良好。

羌姆同样是罗汉堂寺的常规法舞，表演的是莲花生八变舞，按八种别号变化跳羌姆，即释迦狮子、莲花生、日光、狮子吼、忿怒金刚、莲花金刚、莲花王、爱慧。此外，还有鹿舞、则日、黑帽子、东毛一、阿子拉、猫头鹰、七生、托沟、虎、狮等十多种舞蹈。罗汉堂寺位于罗汉堂村四社，也属于藏传佛教宁玛派寺院，始建年代为清代中期，后不断增建，现有建筑有大经堂、护法殿、斗拱山门等，建筑风格独特，工艺精良，1988年被列为省级文物保护单位。

在跳羌姆的时间上，昨那村和罗汉堂村还是有些差别的。昨那村鹿舞和格萨尔王传统佛事活动于每年5月28至29日举行，在鹿舞盛会上，有僧人表演莲花生八变舞及护法神、地方神等舞蹈，舞者为矫健的年轻人，少则一人，多则十六人，有的戴头饰遮面，有的戴猫头鹰面具以及老虎、狮子、鹿头面具，舞者装扮成佛教传说中的各种颂歌神灵形象，随着鼓、钵、长号（长筒喇叭）的节奏，跳跃自如，气势恢宏。

罗汉堂寺鹿舞同样是传统佛事活动，不过在每年的农历正月初九、初十举行，表演阵容和形式与昨那寺一模一样，该寺鹿舞

于2007年公布为青海省第二批省级非物质文化遗产名录。

鹿舞是藏传佛教寺院舞蹈，在汉语中称为“跳神”或“跳官经”。该舞以歌颂家乡、人与自然和谐共存为主题，具有浓厚的宗教仪式性、庆典性和较强的表演性，具体内容是以护法山神的化身鹿为主体，舞姿基本上是驱邪降魔的动作，包含着保护动物，保护环境，保护人类，人与鹿（动物）共存，创建吉祥和谐社会的寓意。

在鹿舞表演中，戴鹿头饰和面具的舞者按节奏模仿鹿的各种动作，左右大幅度地跳跃，手、脚、头并用，给人以热烈雄壮的感觉。有时中间穿插念经，根据经文内容，动作有时细腻宛转，表示对佛的虔诚之至；有时则手持刀、矛、箭等蹦跳狂舞，表示对敌人的仇恨和征服魔鬼的决心。

昨那村和罗汉堂村的鹿舞有三个整套舞蹈：一是沙得力舞，意为征服地域舞，是一种宗教密宗净地仪式；二是赛日羌姆，即黑帽舞，意为祈福神灵舞，其舞姿有向神灵献茶，请求各位神灵对今日的法舞予以保护的意思；三是九头曜舞，即表演者装扮成九头曜神，即日、月、火、水、木、金、土星与罗睺，合计为九曜，它是捉妖降魔的主将，九头曜把所有的魔怪捉拿归案，带到光天化日下进行曝光，接着扮演神鸟猫头鹰和坡日鸟的护法神，用它们的翅膀分清魔怪的罪恶，交予鹿神审判，定罪宰杀。

鹿舞风格独特，表演丰富，至今保留着许多古代藏传佛教的原生态艺术，它的古老性和神秘性，在民族学、民俗学、宗教学等方面都体现出重要的学术价值。

昨那村和罗汉堂村建筑结构主要以砖木结构和土木结构为主，同时也有少量砖混结构建筑，建筑风格上十分突出地域民族特色，大部分农户的房屋式样陈旧，外墙面痕迹斑斑。村庄聚集地较为平坦，依山傍河，房屋排列方向考虑了日照及风向。村庄街巷四通八达，连接各家各户。群众居住在庄廓里，庄廓大门前有水渠环抱而流，庄廓周围溪流潺潺，绿树葱茏，麦田随风起波浪，整体环境十分幽静。贵德县是“瓜果之乡”，这里有些庄廓周围被辟为果园，春季桃李花丛中见屋檐，秋季累累果实掩门户，好一幅优美的田园风光图。

距离两个村落不远的拉西瓦水电站则是另一处游玩的好去处，拉西瓦水电站是黄河上游龙羊峡至青铜峡河段规划的第二座大型梯级电站，最大坝高 250 米，是黄河流域大坝最高、装机容量最大、发电量最多的水电站。由于拉西瓦峡谷较狭窄，枢纽布置受到场地限制，施工和设计单位便巧妙地将庞大的建筑物设计在距离河床 300 多米高的悬崖峭壁上，并在半山腰开凿出一个平台，顺山势建造了高达 55 米的出线楼，这使亮点纷呈的拉西瓦水电站又添了一处新景观。

兔尔干

【追寻茶马互市的繁华】

日月山的秋天实际上已经进入冬季，大雪即将覆盖，山下草原上的老鼠开始储备过冬的食物，翱翔在空中的鹰看准时机，一个俯冲，将一只老鼠抓起，之后消失得无影无踪。

大唐贞观十四年的这个秋天，日月山下热闹非凡，吐蕃和大唐多年的纷争终于有了结果，两个强硬的对手在日月山顶立下界碑，握手言和，并且大唐的文成公主将在第二年入藏和松赞干布完婚，人们不再遭受战争的疾苦。日月山东侧一个叫兔尔干的地方，人们载歌载舞，来自中原的商队和吐蕃人手牵手，围在一堆篝火前跳着长袖舞。这一天，日月山第一个茶马互市正式开市。

其实，多年来兔尔干就是大唐通往吐蕃的交通要道，因为翻过日月山就进入了吐蕃腹地，从农业区踏进牧业区。青海湖的龙驹是中原人的最爱，而中原的茶叶又是吐蕃人餐桌上必不可少的。日月山不是一座普通的山，这座名为赤岭的大山海拔有些高，来自中原的人每每在翻日月山时，都会选择在兔尔干休息数日，主要是适应一下高原环境，久而久之，兔尔干便成为一个繁华的小镇。

一年后，兔尔干再次沸腾起来，大唐文成公主的銮驾在这里短暂停留后，翻过日月山往吐蕃而去……

虽然兔尔干是唐蕃古道的必经之地，从大唐开始也汇聚了一些商客，但一直以来并没有形成真正的村落，仅仅有一些客栈而已。这也很正常，虽然贞观年间大唐和吐蕃邦交正常化，但此后吐蕃和吐谷浑仍有小规模冲突，最终吐蕃大军占领了日月山以东广大地区，在这种情况下，处在“边界”上的兔尔干很难有长久居民。

要说兔尔干村的形成，至少是到大清雍正至乾隆年间了，并且还和东科寺有关。东科寺为藏传佛教格鲁派寺院，明代弘治元年（1488 年）初创于西藏，清顺治五年（1648 年）在今湟源县城东异地重建东科寺，后来又毁于兵乱。乾隆元年（1736 年）清廷准予重建东科尔寺，选址在兔尔干的阳板台，全称“东科尔大密金刚洲”。如今，经过尕兔娃石崖木桥，仍可直达村中心。

也就是在这一时期，随着信教群众渐次居住，村落才逐步形成，人口不断增加，汉、藏、蒙古、回族等多民族开始在这里聚居。至民国时，设兔尔干乡，1984 年后称兔尔干村。

兔尔干村西接海南州共和县倒淌河乡，以日月山分界，青藏公路由此经过，是通往海西、果洛、玉树的重要通道。南山河、东科河在此汇合，流经药水峡汇入湟水河。虽然由“乡”变“村”，但兔尔干村仍是乡政府所在地，是湟源县日月藏族乡政治、经济、商业、文化、交通中心。兔尔干村选址负阴抱阳，背山面水，绿野苍茫，地势起伏，自然地貌开阔。除了东科寺，村内还有全神庙，原建于咸丰四年（1856 年），一进两院，北有大殿三间，厢房东西各三间，山门为飞檐式砖木结构建筑，门前有蓝砖照壁一座，为二门牌坊式建筑。除此之外，兔尔干村还有水磨坊、油坊、窑洞、砖瓦窑、碉堡等古建筑遗迹。

兔尔干村的社火和别处不同，始办于清光绪二十五年（1899 年），社火与东科寺的佛事“观经”相结合举行，别有一番特色。

社火整体表演多在村庄的十字路口等公共场所进行，不仅便于村民观看，同时还蕴含着“压煞祛邪”，为村里带来平安吉祥之意。表演的节目主要有灯官、哑巴、报子，还有以“傻公子”“胖婆娘”为首的“大身子”，以及龙灯、狮子、马子，此外还有八仙高跷等杂耍。表演动作、装饰、形象、唱词、台词等大多取材于古代名人和历史故事，这些内容都是由内地陆续迁来的汉族言传身教而来的。

在兔尔干村还有一个比较独特的“青苗会”，每年农历四月中旬春耕结束后，村里便请僧人前来诵经，并举行插牌仪式。从即日起，按户轮流在放桑台煨桑，吹喇叭敲锣，并禁止乱挖掘土石，不准割草，不准带着黑锅在外烧火。“青苗会”是为祈求风调雨顺、远避雷雨冰雹、五谷丰登、六畜平安之意。

和兔尔干村毗邻的日月山是一个美丽神奇的地方，文成公主当年进藏也在这里留下了很多美丽的传说。说起日月山的美，兔尔干村民们都说与“腊八献冰”的习俗有关：传说唐僧师徒四人取经回来路过通天河时打湿了经卷，冻上了冰。腊月初八这一天，他们翻过了日月山，这时风和日丽，悟空取出经卷晾晒，霎时那冰块不剥自落。说来也怪，到了来年秋天，凡是洒落冰屑的地方，庄稼丰收，牛羊肥壮。从此，这里的庄稼人便兴起了“献冰”的风俗。腊八这天早上，老百姓把大大小小的冰块供献在庄廓的四面，或放在粪堆顶上，用来预测来年庄稼丰欠，所以当地人说：“来年测丰收，先看腊八冰。”

看完风景，听完故事，就到了吃饭时间，今天在兔尔干村将要吃的是焜锅馍馍。焜锅馍馍是在金属的焜锅馍具中烤制而成，故而群众俗称“焜锅”。焜锅是在普通发面里卷进菜籽油，抹上红曲、姜黄、香豆粉等民间食用色素，再层层叠叠地卷成红、黄、绿各色交织的面团，藏、回族群众在和面时也掺进鸡蛋和牛奶，揉成和焜锅形状、大小相同的圆柱状，放入焜锅内，埋在以麦草为燃料的灶膛或坑洞内的火灰里。焜锅壁较厚，传热缓慢，麦草燃料火力均匀，热度适中，半个小时后即可出锅。烙出的焜锅馍馍外脆内软，绽开如花，色彩鲜丽，异香扑鼻。它的特点是省时、省事，制作简单，松脆好吃，携带方便，经久耐贮。焜锅馍馍既是餐桌上的主食，也是馈赠的礼品，亦常作为出远门的干粮。

贾尔藏

【"青海九寨沟"里的小塔尔寺】

你知道吗？青海也有一个九寨沟。你知道吗？湟中县土门关乡贾尔藏村还有一个小塔尔寺。

让我们先来看看青海的九寨沟是什么样子。青海的九寨沟不在别处，就在贾尔藏村。贾尔藏村地处群山环绕之中，清澈见底的香沟河、清凌凌的直沟泉水在尕占林山根处汇合成蛟龙水，由西向东环绕村庄流过，鸟瞰村庄，整个村落就像坐进微微倾斜的盆地中，盆地西南高，东北低。

贾尔藏村东南方向是岩岗岭，西南是上岭和直沟岭，正东则是关跃山，整个村落就在这些山岭的中央。村庄坐北朝南，南面是1000多亩的原始森林，林中有数不清的桦树和白杨树，风景优美，比起四川九寨沟也逊色不了多少。贾尔藏村是块风水宝地，因为在香沟阴阳坡、直沟阴阳坡，荒坡宽裕，便不断有外村困难户迁居贾尔藏开荒种地、繁衍生息，因此这里的户数逐年增加。

贾尔藏整个村落南北狭长，随着香沟的流向蜿蜒。如果从空中俯瞰整个山脉，就像一只单展翅的凤凰向西飞过，上岭北部的王沟村是凤凰的一只未伸展的翅膀，而贾尔藏村就坐落在另一只伸开的翅膀之上。直沟岭与贾尔藏村的其他山岭一样，属拉脊山支脉，它发源于贾尔藏西部的拉脊山，绵延数百公里，在贾尔藏村山岭和岩岗岭中部的西南部停止，同时将上岭和岩岗岭组成的峡谷隔成被称为“金银沟”的香沟峡和直沟峡。蜿蜒的香沟峡与笔直的直沟峡在直沟岭末端的直沟门汇合成一条河流，由西向东环绕村庄流过。因沟内森林茂盛，泉水众多，怪石嶙峋，风光迷人，被当地人誉为“青海九寨沟”。每到夏季，绿树成荫的草地上开满了野花，远近游客来此休闲度假，游客们坐在草地上呼吸新鲜空气，或者哼着歌跳起舞，畅快极了。

贾尔藏这个青海的九寨沟，还有胜过四川九寨沟的地方。相传上古时期，天地间突然发生了一场大的灾难，天柱折断，大地开裂，天空中出现了一个大洞，地面上洪水滔滔。天神女娲看到这般情景，立刻斩断了大龟的腿脚，竖立在大地四方，把天撑起；又杀死了兴风作浪的黑龙，用芦苇灰堵住了滔天洪水，同时炼出了五彩石补住了天洞，散落在拉脊山脉的黄色石块成了丰富的金矿资源，而在贾尔藏村境内的香沟峡成了拉脊山脉重要的金矿带。

不知从什么时候开始，关于这里金矿丰富的消息迅速传播，人们纷纷前来寻宝，其中有一对张姓父子，在这里采金多年。一天，父子二人竟然在沙坑里挖出了一个大洞，父亲进洞一看，只见一头金牦牛站在洞中，牛头朝里，正回头向外张望，两只圆鼓鼓的眼睛直冒金光，两个大盘犄角，牛尾朝外，正翘起尾巴排粪，只见牛粪金光闪闪，于是父亲便摘下毡帽将牛粪装好，出洞门才发现，帽中全是金灿灿的黄金。但父子二人贪心不足，等父亲再次进到沙洞掰牛角时，沙洞瞬间崩塌，将父亲埋在了沙石洞内。

儿子挖了好多天都不见父亲的尸骨，无奈之下便在父亲被埋的地方撒了一些菜籽作为记号，等来年油菜花开的时候，一来寻找父亲的尸骨，二来把金牛挖出来搬回家。第二年等儿子回到这里时，漫山遍野开满了金灿灿的油菜花和山花野果，香气扑鼻，耀人眼目，香沟由此而得名。至今，在香沟种植的油菜颗粒饱满，十种九收，产量高而稳，且出油率高。

传说肯定也有现实的影子，香沟至今仍有元代采金场的遗存。从村子一直向西行走，进入香沟峡约两公里处，是被当地人称为香沟台的一处台地。从谷底仰视台地，只见两棵枝繁叶茂的白杨并排矗立在台沿，树枝间经幡飘荡，透出一股神秘感，两棵树之间是一座用石块堆砌的小型俄博。爬上台地，眼前的景象让人震撼：约 50 亩的石砌建筑群赫然出现在眼前，一块块形似房屋地基的石砌墙保存完整，石砌墙高度 80 ~ 300 公分不等，其中不少石砌墙表面用白土掺杂长草涂抹。

村民们说，这个台子叫香沟台，因当时张家父子采金时沙洞塌方，当地也叫塌家台，是元朝时期重要的采金场所，从这些石砌建筑物中不难看出，当时的采金规模不会太小。

贾尔藏还有一个小塔尔寺，也大有来历。传说宗喀巴大师的父亲阿嘉、母亲香薩是化隆县查浦乡人氏，养有一头神牛，过着幸福的游牧生活。后黄牛为了寻找宗喀巴的圣诞地，领着主人一路西行，先后路过雄先、平安、红崖子以及湟中的沙尔湾、贾尔藏等地，最后在现在的塔尔寺所在地生下了宗喀巴。后来，宗喀巴成为佛爷，在他的诞生地建起了塔尔寺，阿嘉、香薩在贾尔藏扎帐房住过的地方也修建了寺院，名为尕寺尔，因为寺院也和宗喀巴诞生地有关，故而被人们称为小塔尔寺。

此外，贾尔藏村还有元代时修建的戏台，清顺治年间修建的关帝庙以及堡子城墙、水磨、桑楼台、魁星墩和黑虎墩等古建筑遗址，都是值得一去的地方。

石咀一村

【龙凤呈祥的宝地】

今天要去的这个传统村落非同一般，它东靠龙山，西依凤凰山，北面有弟兄山作为靠背，静房湾的清泉水也从这里流淌而过，塔尔寺、南佛山近在咫尺。最为奇特的是，龙山像一条张开嘴巴的龙，日夜朝着这个村落吐着祥瑞之气。这个村落就是湟中县鲁沙尔镇的石咀一村。

湟中曾是青海的代名词，古时湟中并非指现在的湟中县，而是对青海东部河湟地区的称谓。湟中自古为羌族部落领地，秦末汉初，匈奴转强，月氏两次被冒顿单于击败，被迫放弃故地，一部分抵达湟中，与汉人错居，称湟中月氏胡。

湟中月氏胡出过一个大人物，他的出现还造就了三国大英雄马超的一代英名。公元 184 年为汉中平元年，这一年的十一月，湟中月氏胡反叛，立北宫伯玉为将军，攻打金城郡，斩杀金城郡太守陈懿，胁迫边章、韩遂入伙，共同推举边章为首领。谁知螳螂捕蝉，黄雀在后，韩遂杀死边章、北宫伯玉后自拥十万大军，成为西凉的大军阀。

有人问，这和马超有什么关系？别着急，马超就要出场了。为了壮大实力，韩遂先是和马腾合作，建成西北大军团和曹操抗衡。马腾又是谁呀？他就是马超的父亲。马腾被曹操斩杀后，韩遂又和马超成了搭档，从此马超杀出自己的一片天地，并成为蜀国五虎上将之一。所以说，是湟中人间接地成就了马超。

历史总是这么奇怪，每个时代都会留下一些斑驳的印记，却又朦胧一片，等待后人去探寻。就像这鲁沙尔镇，谁也不曾想会因为一代大师宗喀巴而名扬天下。藏传佛教格鲁派创始人宗喀巴就出生在鲁沙尔，也因此有了著名的塔尔寺。

说起塔尔寺，恐怕三天三夜也讲不完。塔尔寺是中国西北地区藏传佛教的活动中心，在中国及东南亚享有盛名。

塔尔寺最为著名的是酥油花、壁画和堆绣“艺术三绝”。壁画是各殿宇墙壁上的绘画，大多绘于布幔上，也有直接绘于墙壁和栋梁上。壁画颜料采用石质矿物，色彩鲜艳，经久不变。酥油花是用酥油调拌各色颜料而制成的油塑艺术品。相传酥油花源于西藏，唐文成公主与松赞干布结亲时，曾从长安带去一尊佛像供奉在拉萨大昭寺内。严寒的冬季，无鲜花献佛，信徒们为了表示敬意，就用酥油制成鲜花，供奉于佛像前。1594年，酥油花传到了塔尔寺，经该寺艺僧苦心钻研，使其在题材和工艺上有了新的发展，成为塔尔寺独有的一种高超的油塑艺术。堆绣是塔尔寺独创的藏族艺术品种之一，它用各色绸缎剪成所需要的各种形状，如佛像、人物、花卉、鸟兽等，以羊毛或棉花之类充实其中，再绣在布幔上，由于中间凸起，有明显的立体感。

去塔尔寺还有一个必看的地方，那就是大金瓦殿，该殿初建于1560年，后于1711年用黄金1300两、白银1万多两改屋顶为金顶，形成了三层重檐歇山式金顶，后来又在檐口上下装饰了镀金云头、滴水莲瓣。飞脊装有宝塔及一对火焰掌，四角设有金刚套兽和铜铃。进入大金瓦殿内，迎面矗立着12.5米高的大银塔，这里就是宗喀巴诞生的地方。

小金瓦寺也值得一看，初建于明朝崇祯四年（1631年），寺中回廊陈设野牛、羊、熊、猴等标本。据说，这些走兽标本象征一切恶魔鬼怪已被神征服。殿的左边有一匹白马标本，相传是三世达赖喇嘛从西藏拉萨到青海塔尔寺时的坐骑。三世达赖喇嘛朝拜塔尔寺之后，要去蒙古传经说道，这匹白马怎么也不肯走，于是便留下来，不久，马不食而死，后人把它当神马陈列供奉。

参观完塔尔寺走进石咀一村，树木掩映中，一座座民居仿佛入定的禅者，脸上虽有沧桑的印痕，却又是那么安详、静谧。村落周边的山上，是一片片丛林，间或有鸟儿在鸣叫。

看来今天的古村落探访就是一场说走就走的旅行，站在石咀一村的山坡上，南佛山又在召唤我们了。

石咀一村村民吃的水大部分就来自南佛山。在当地人口中，南佛山一直被称为南朔山、西元山、朔屏山。这里山势高峻，绿树掩映，流水潺潺。山上有道教观堂、殿宇、亭台和大小洞府多处，古有“道藏第四太元极真洞天”之称，还有绿杨洞、太乙极真洞、黑虎洞、无墨沿、黑仙洞、求寿台、舍身崖、滴水崖等富有神秘色彩的名胜古迹。

南佛山海拔 3265 米，山势险峻奇秀，雄伟壮观。令人惊奇的是，南佛山竟然归属于积石山，是积石山西段一座奇特的山林。

山中的道观建于明万历十七年 (1589 年)，已经有 400 多年的历史了，有张真人殿、邱祖殿、祖师殿、灵官殿、关帝殿、菩萨殿、三清殿、慈航殿、三官殿、玉皇殿、财神殿等，皆依崖而建，小巧玲珑，玄妙无比。其中张真人殿是主殿，建在绿杨洞中，洞中还有小洞黑虎洞。

南佛山的奇峰不能不令人惊叹，从山门拾级而上，两边山上的岩石峰峦各依地势，犬牙交错，形态万千。峭壁顶端怪石嶙峋，峰肩、峰腰处的巨大石块摆出许多让人目不暇接的造型，有些像动物，比如青蛙、小狗等，石头间也有张开的大孔或大洞，形态有方有圆，其中有一块巨石凸出，简直和狮子一模一样。

南佛山最壮美的地方是山顶，一般人我不告诉他。只要不恐高，可以从道观背后攀岩而上，因为此去山顶几乎没有道路，当爬上山顶，仿若来到一望无际的平坦的草原，各色野花在风中摇曳，蝴蝶在花丛中翩翩起舞，好像一下子来到另一个世界。看一眼这里的绝美风光，爬山时的艰险困苦顿时一扫而空。

从南佛山回到石咀一村时，村民们开始哼起民间小调，板胡、二胡、三弦在人们的手中响起美妙的音乐，它们似乎在告诉每一个前来村落的人，这里是一个值得留恋的地方。

沙尔湾

【人神佛共生的秘境】

不少人都去过道观游览，对三清殿应该不陌生，端坐在三清殿里的不是别人，正是那玉清元始天尊、上清灵宝天尊、太清道德天尊。看到这些，肯定会有人说，这就是道教中最大的神仙。其实，比三清尊神还早的神仙还有三官大帝，并且神阶很高。

三官大帝又是何许人也？咱们现在就去湟中县田家寨镇沙尔湾村，去那里的三官庙会会三官大帝。

有人就会问了，沙尔湾村又是什么仙境，三官大帝居然会住在那里？沙尔湾村看似一个被群山包围的普通村落，那里的人们和大多数人一样，日升而作，日落而息。春夏时节，村落周边会有大片的油菜花盛开，秋天，这里就会被成熟的麦田染成金黄色。但正是这个普通村落，却是神佛共生的秘境，不仅有道教神仙“居住”在三官庙，还有藏传佛教和汉传佛教寺院。

咱们接着介绍三官大帝，他们是早期道教尊奉的三位天神，指的是天官、地官和水官。中国上古就有祭天、祭地和祭水的礼仪。不过，上古祭祀天、地、水是皇帝的权利，庶民百姓只能祭祖。东汉时，张陵创立五斗米道，就以祭祀天、地、水三官，上三官手书作为道教徒请祷治病的方法。南北朝时天、地、水三官神和上、中、下三元神合二为一。一般认为，三官大帝是道教较早供祀的神灵，天官为唐尧，地官为虞舜，水官为大禹。

三官大帝在沙尔湾村数次“搬家”，最早的三官庙建造于清同治年间，光绪年间从原址移至本村的黄蒿台，到民国二十五年又移回原址建造，同时维修了原来的戏台。现今三官庙建筑坐西朝东，戏台坐东朝西，属对台。

沙尔湾寺始建于清同治年间，这所寺院是村内藏族群众修建的，但因村里藏族人家只有二十多户，力量薄弱，据说初建成时是三间土坯房，房屋建筑十分简陋，至 1937 年才修建成四间建筑。

就建筑而言，沙尔湾村最金碧辉煌的当属汉传佛教寺院光明寺，共有四合殿：东殿四间，南殿四间，西殿上下四间（木楼），北面小山门于 1978 年建成。1984 年在四合殿外又建成了东西廊坊各七间及钟鼓楼。1989 年再次建成了光明寺山门一座，共五间。1996 年又建成了共五间的文昌殿一座。2008 年再次建了共五间的千佛殿。此后又修建了大雄宝殿、廊坊共数十间房屋。到目前为止，建筑面积达到 6678 平方米。每年光明寺还会举行为期七天的水陆法会，祈祷国泰民安。

如果对沙尔湾村的探访就此结束，就会错失很多精彩的演出。

民国初期，沙尔湾其实是三个自然村：香见门村、大泉儿村、甲寨村，后来才合并为沙尔湾村。沙尔湾村地处湟中县东部，与平安县毗邻，民湟公路在本村中心地段贯穿而过，正在修建的西宁绕城路也将穿过该村。村落的合并，以及多民族在这里混居，使沙尔湾村的文化有了多个面孔。秦腔、传统社火、曲艺、藏族舞蹈等文艺演出和法事活动交相辉映，轮番在村内那个古老的戏台上登台亮相，给村民们带来文化大餐。

沙尔湾秦腔剧团已近 80 岁高龄，组建于 1938 年，最开始由四五个人组成，除了秦腔，还演唱本土的眉户戏，后来也唱平弦，演出队伍一度壮大到四十多人。但近两年因剧团演员外出较多，所剩演员太少而无法演出，只有邀请互助、平安县的演员前来合并演出。

每年农历正月十三，在庙管会成员牵头下，沙尔湾村就会组成一个全民参与的社火队，节目有灯官、傻公子、钱棍、胖婆娘、尕棒子、光棍、拉花姐、花轿、旱船、龙灯、舞狮等。长期以来，沙尔湾社火在小南川地区享有盛名。

如果你来一次沙尔湾就想把所有精彩的节目看完，那是不可能的，因为这里的文化活动演出并不在同一个时间点。沙尔湾村的藏族舞蹈在每年 10 月 15 日举行，男女老少身穿藏族服装，来到沙尔湾寺，吹着唢呐，敲着锣鼓，在古寺庙前翩翩起舞，跳起欢乐的藏族舞蹈。晚上，他们再次来到沙尔湾寺，在古寺供佛，分男女两边就座后开始念经，男一句，女一句，念经长达五个多小时，祈祷万民生活幸福，家庭美满。

沙尔湾最具特色的节目当属“灯官说白”，只听得灯官老爷大声说道：本灯府老爷上奉了王母的金牌、玉帝的敕旨、佛家的宝号、三教的牒文，随带了毛草社火，行行行，走走走，来到了湟中县田家寨镇沙尔湾村。一来是庙降香，二来是清街两行，三来是镇压四方。所到之处问善恶，帝王的头上管三分。说的是国泰民安，讲的是风调雨顺。我老爷来了空不来，清风细雨带上来，我老爷走了空不走，病痛灾难带上走。要把那些恶风暴雨、瘟疫邪煞、万般的口舌、小儿的麻痹，一扫帚扫到九霄云外，让它慢慢地消散。保佑保佑实保佑，保的粮满仓，猪满园，骡马成群走，富贵满华堂。保佑保佑实保佑，狼来了封口，贼来了迷路。八十的老人有人孝，娃娃们从小有教养，贵帝王出的是礼仪之人，才门里出的是才子佳人。种谷的一年里五谷丰登，经商的尽收斗大元宝。四季太平，八方安宁。

听到这里不禁让我们感慨：还有什么比这更真实的生活？

下营一村

【大戏从光绪十一年开始】

在探访湟中县田家寨镇下营一村这个传统村落前，我得先扮演成一个纵横家，有喜欢听历史故事的请跟紧了，不喜欢的先去看看湟中的风景吧。不过，以下所讲的故事，和下营一村多多少少有些关系。

现在，我们的时光穿梭机先回到光绪十年（1884 年）年底的中越边境。法国人以为中国人也过阳历元旦，便玩起了突袭，大举进攻越南凉山，随后闯入中越边境重镇镇南关，也就是今天的友谊关。那个时候大清帝国的洋务运动正在如火如荼地进行中，老佛爷慈禧太后对这一强国强兵之策还在热乎劲儿上，面对法国大兵压境，刚好试试洋务运动的改革成果。于是乎，冯子材率王孝祺、王德榜、苏元春等部在镇南关的关前隘筑长墙、掘壕沟，开始部署兵力。光绪十一年（1885 年）二月初七是星期一，第二天就要立春了。法军统帅尼格里率兵两千余人分三路直扑关前隘，被苏元春、王孝祺等部击退。初八的早晨，法军主力猛攻长墙，冯子材奋勇当先，率军抗敌，夺回了关前隘的东岭、西岭。越南义民千余人也前来助阵。法军三面受敌，败逃关外，退回凉山。十四日收复谷松、观音桥等地，法军只得退回北宁、河内。这一仗，法军死伤 287 人。十五日，法军败讯传到巴黎，茹费理内阁被迫辞职。这就是镇南关大捷。

对于大清帝国来说，光绪十一年看起来是个好年份，就在二月初八冯子材率清军在镇南关大败法军的同时，在北越西线，岑毓英率滇军，刘永福率黑旗军在临洮大败来犯的法军，并乘胜克复广威、黄岗屯、鹤江、老社等十数州县。这被称为临洮大捷。

刚才去湟中塔尔寺、蚂蚁沟水库游玩归队的几个朋友问：你讲这些和下营一村有什么关系？别急，马上就要从大清帝国的“大事件”讲到下营一村的“小事件”了。

下营一村在大清光绪十一年时还叫什张家村，也许这一年的镇南关大捷和临洮大捷让人们看到了强国富民的曙光，也许这些胜利确实值得庆祝，什张家秦腔团就在这一年成立了。当时只是十几人组成的团，只能唱一些眉户和民间小调，但也成为了什张家村戏剧舞台上的主要剧种。此后，经过多年的小打小闹，以及漫长岁月的摸爬滚打，直到民国十六年，即 1927 年，

陕西省三原县人吴德卿来到这里进行指导，由此，什张家秦腔团由眉户加乱弹变为了秦腔大戏，在当地很有名气，时至今日，其他村落的剧团全部解散了，唯独什张家剧团幸存至今。如今，下营一村仍保存有清代手抄秦腔剧本。

除了秦腔剧团，下营一村还有传统社火、曲艺等文艺演出。

始建于元代末期的下营一村山清水秀，风景如画的南川水库就在村边，水库边、村落周边的田野里，碧草蓝天，树木葱郁，别有一番乡土气息，给人带来世外桃源般的静谧。下营一村的田野十分有趣，春夏之交，这里的油菜花和小麦，黄绿互为搭配，相映成趣，阡陌纵横、沟壑交错的田园风光就这样呈现在人们面前。

村中的娘娘庙始建于清代，隐藏在密林深处，墙角、檐头的石雕兽独具特色。村落旁边的转山楼也始建于清代，不过现有的建筑是在原址重建的。

下营一村还有一个值得注意的地方，那就是当铺遗址，三块古老的石碑记载着悠久的历史。我们知道，下营一村的故事还有很多很多……

衙门庄

【往日衙门今何在】

顾名思义，衙门庄的来历自然与衙门有关。大明王朝统治时期，被称为“赛柯合”的大通东峡这片地方，是厄鲁特蒙古的游牧地。大约在隆庆年间（1567~1572 年），蒙古部落首领黄台吉在此修建衙门一处，所以才有了今天的衙门庄。

有关衙门庄的故事远不止这一个，青海五大格鲁派寺院之一广惠寺就坐落于此，并大有来头。清朝初期，西藏哲蚌寺郭莽扎仓高僧端智嘉措来青海多麦地区弘扬佛法，在今大通东峡口老爷山麓选址修寺，后经敏珠尔一世活佛经营，在衙门庄建成显密双修的格鲁派大寺院——郭莽寺。雍正元年（1723 年），统治西藏的蒙古固始汗政权倒台，青海蒙古亲王罗卜藏丹津称汗的梦想破灭，于是勾结格鲁派上层喇嘛，举起反清大旗，发动叛乱，郭莽寺众多喇嘛附和，在东峡地区攻堡掠地，抢劫财物。在清王朝平叛的战火中，郭莽寺也化为灰烬。

几年后，雍正皇帝在京召见二世敏珠尔活佛，赐帑金十万重修被毁寺院，并改名广惠寺，选址于东峡衙门庄北侧黄柏垭山下。为何选址于此？因为这里依山傍水，群峰拱围，被时人称为藏龙卧虎、百鸟朝凤之地。

我们用现代的眼光看，衙门庄确实是个好地方，这里北靠达坂雪峰，南通河湟故道，是西宁通往海北、河西走廊的交通要隘，是南来北往的旅人与商贾的驻足地，明清以来就已发展成为远近闻名的商贸和手工业集镇。这里还是鹞子沟国家森林公园所在地，群山环抱中，碧波涌翠，鸟语花香，是人们休闲旅游、感知自然的绝佳之地。

衙门庄是汉、藏、蒙古、土族等多民族居住的高原古镇，虽地处边陲，但这里的人们受中华民族传统文化的滋养，各民族多元文化的融合和商贸经济的影响，思想开化，勤劳智慧，淳朴善良，民风敦厚。

但同时，衙门庄的百姓也饱经苦难，经历过战争的创伤。清同治年间，反清战火波及东峡地区，生灵涂炭。西宁回军马文义部攻陷广惠寺，毁寺半壁，寺僧及前来避难的平民罹难者达 900 多人。大家便推选大煤洞千夫长陈海宇为十三团总长，实施武装自卫。调集东峡六堡——李家堡、阿家堡、元墩堡、多隆堡、兴隆堡、丰稔堡民众，修围墙，筑炮台，训练兵勇，严教阵法，保寺安民，持续数年。陈海宇在一次作战中被砍掉一臂后仍顽强拼杀，大振了军威。由于陈海宇能识兵机而又善战，凭借着坚固的围墙、碉堡等防御措施，既保证了广惠寺的安全，又保护了周边百姓，在历史上传为佳话。

衙门庄人是乐观的，即便面对残酷的战争，他们也会用神话来给自己鼓劲：清同治年间，土匪造反攻打民堡、广惠寺，一次从克麻口、鹞子沟口、尔麻路分三股来攻，鹞子沟口的土匪被寺门口哨楼上的人用三门土炮“昝布拉”对攻三炮，弹着处人仰马翻，后面的人看到土炮的威力，转身就跑，并喊神兵来了，个个吓得魂飞魄散，两眼昏花。果然，只见神兵白马一队、青马一队、黄马一队、枣骝马一队，从寺门口涌出，吓得土匪跑了个无影无踪。其余两股听到消息后，也立刻撤退。这就是“昝布拉”三炮退匪兵的神话传说。

听了这些是不是有些沉重？那就说点儿轻松的，说说鹞子沟这个森林公园怎么样？鹞子沟山是广惠寺的“照壁山”，这个形如展翅鹞子的大山遍布森林，不仅野鹿时常出没，还有大量中药材，这些中药材还成就了衙门庄好几个名医。

按理说这应该是包括衙门庄在内的东峡人民的“宝贝山”，其实不然，在清王朝统治的200多年中，鹞子沟山是广惠寺敏珠尔呼图克图和他的千户、管家的私有财产。

在军阀马步芳统治青海时期，鹞子沟山又遭受了一场毁灭性的灾难。那是民国二十五至二十九年（1936~1940年），马步芳出于一己私利，派遣军队，征调民夫、车马，对鹞子沟林区进行掠夺性砍伐。关于马步芳为何要砍伐鹞子沟林区，民间有几种说法：一说为七世敏珠尔活佛生前为筹措经费，将鹞子沟松木三万根典当于马步芳，敏珠尔圆寂后，马步芳伪造契约，将“三万”改成“三湾”，诡称敏珠尔生前已将鹞子沟松林全部卖给了他；一说为广惠寺千户麻丹增与大经堂管家阿南尖措勾心斗角，争权夺利，为依附马步芳的势力，分别许愿奉献鹞子沟林区松木三万根。马步芳以此为借口，大肆砍伐鹞子沟林木。连年掠夺性砍伐，将广惠寺所属的克麻尔多加山、的欠山、老虎沟山、生地山、塄干山和鹞子沟原始森林中一人高以上的松木全部砍伐殆尽。据说马步芳把这些木料运到兰州东方木场或转运至包头出售，卖得银元 80 多万枚，全部充入其私囊。

东峡人非但没有得到鹞子沟山的宝贝，还成了伐木、运木的苦役，几年间死伤民工近百人。为了运送木料，光是被砸死的骡马就有 30 多匹，被践踏的庄稼近千亩。

不知是不是因为曾经受到过伤害的原因，衙门庄人对树木的保护升级到全民公约的高度，从古至今，农历四月初八青苗戏结束后，四月十五日由会头召集五位德高望重的老人昭告大众，张贴《护青公约》，并手拿杨柳枝，在大沟阳坡镇疙瘩烧钱化纸祷告，后沿坡梁到河边插牌为记，约定在青苗期，即四月初八至九月初九执行本公约，不得违约。《护青公约》只有简单明了的五条：一是楞干上不准挡牲口；二是地边不准糟蹋庄稼；三是青苗期不准砍树；四是青苗期不准在河里洗衣服；五是青苗期不准打仗吵嘴。此五不准公约人人遵守，户户执行，违反一条罚粮食，交庙会作

为会粮。

衙门庄传统的群众文化活动除了社火以外，还有庙会、朝山会、眉户戏和灯影戏等。

朝山会传说是为纪念明朝永乐太子立志苦修成正果而自发组织的以古代帝王出巡仪轨为主要内容的活动，有銮驾半副、旗伞宝幡、令牌炮乐、唱颂佛号，在每年农历六月初四朝山，先朝本山，六月初六朝老爷山。1958 年“破四旧”时，朝山会自行解体，至今没有恢复起来。

庙会始于清末，定在每年农历四月初八唱青苗戏。民俗说：一到四月八，地边把柳插。衙门庄的庙会与互助县哈拉直沟、红崖子沟，本县的鲍家寨、苏家堡等剧团都有戏约来往，会后制定来年协议，互不违约。衙门庄青苗戏定规较严谨，唱戏日为整三破四的日子，演员演出时不能出现衣冠开落、道具脱手的现象，会头点戏目很有规律，头年唱的戏本年不再演唱，光棍戏日不唱，文戏、武戏、红戏互相搭配，正日子所唱戏本要完整，中午不停场。

寺沟村

【来一场民间艺术奇葩之旅】

“昨夜扁舟雨一蓑，满江风浪夜如何。今朝试卷孤篷看，依旧青山绿树多。郁郁层峦夹岸青，青山绿水去无声。烟波一棹知何许？鶗鴂两山相对鸣。”明代的《朱子家训》被不少人熟知，但朱子的这首诗却鲜有人知。在大通县景阳镇寺沟村，就有着诗中的意境，尤其是山沟内的尼娜燕雀寺，更赋予了这个古村落更多的诗意。

听曲艺，看皮影，赏民间艺术文化，探访寺沟村，其实就是一场民间艺术奇葩之旅。

刚听到景阳镇这个名字时，不知为什么就联想到武松景阳冈打虎的桥段，在似乎永远没有尽头的山沟中穿行时，警惕地四处张望，还真怕在这山沟里遇到吊睛老虎。当然，这种担心是多余的。至于武松打虎，在寺沟村倒也找得到，不过已经被刻在皮影上，或者已化为村民口中吐出的曲艺唱词。

地处山沟内的寺沟村面积不大，仅 3.14 平方公里，全村也只有 90 户人家。这个明代就已存在的村落，千百年来似乎没有“生长”的欲望——南北两侧皆为高山，也“生长”不起来。据说寺沟村始建于元末明初，原来是藏族居住的半农半牧区。明洪武末年，从南京等地迁来了马姓、谢姓等农户，才逐步形成了现在的村落。

如果你到寺沟村只为看风景，劝你还是到别处去，这个村落的风景真的很普通，和众多青海东部的村落一样，有房子，有树，有山，有小溪，山上还有一个积水潭，村落周边也有麦子、油菜、蚕豆等，如此而已。但是如果你想深刻了解这里的民间民俗文化，我倒可以重点推介一下。

寺沟村集合了青海地方曲艺的大全，平弦、越弦、贤孝这些被列入国家级非物质文化遗产的项目，或者说这些个青海民间艺术奇葩，在这里都能听到。大通皮影是河湟皮影的重要组成部分，被列入国家级非物质文化遗产名录。如果你有兴趣，寺沟村皮影艺人也会给你来一场原汁原味的大通皮影戏。

大通皮影戏历史悠久，据《大通县志》记载，约在明崇祯十七年（1644年），皮影戏就传入青海大通。民国三十四年，大通县有八名皮影艺人，其中就有景阳乡（现为景阳镇）的杨进春、杨生辉，演出剧目有《金枪会》《白玉堂》《黄河阵》等。1951年，青海省成立“灯影工作委员会”时，杨生辉还担任了委员一职。1981年，大通县成立了“新艺灯影社”，对传统的皮影戏进行了大胆的改革和创新，在唱腔上也完成了男女分腔的首次突破，影幕上采用幻灯背景，增强了皮影戏的艺术感染力。

大通皮影雕刻原料十分讲究，一般以皮板薄厚适中、质坚而柔的青藏高原六七月份宰杀的黄牛皮为最佳，经过十至十五天的清水浸泡，晾干，通过刮、铲等手段，期间将刮好的皮子用清水边铲边洗，最后从皮子两面铲到透明的骨子，然后将湿皮子用特制木框固定阴干，然后用铲刀、切刀、斜刀、圆刀、半月凿子，以及小榔头、木制棒槌、木衬垫、火砖等工具进行构图、雕刻、敷彩、熨烫、定缀，技法上多采用雕、镂、刻、挖相结合进行制作。大通皮影雕刻艺人在长期的艺术实践中，在继承传统造型特征的同时，对影人脸谱、服饰及道具在造型、图案、纹样以及敷彩方面，继承了汉代石刻画像的手法，吸收了青海民间剪纸、绘画、雕刻的艺术手段，融合了外地皮影造型特点，逐步发展和形成了造型外轮廓以直线概括、俊俏有神、着色对比强烈为特点的艺术风格，成为大通民间艺术宝库中的珍贵资料和具有收藏价值的艺术珍品。

大通皮影和当地的时令节日、风俗礼仪有着密切的关系。在节日和传统庙会上，人们习惯用“唱皮影”来祭礼神明、祈祷风调雨顺、祝愿丰收，表达人们的美好愿望，如在大通“二月二”庙会、“四月八”青苗会、“六月六”朝山会、“六月十三”鹞子沟、祁家寺等传统庙会期间，头场戏必演《出天宫》，台上演的是天官下界，察看人间善恶、消灾降福，台下观众披红挂彩，喜放鞭炮，寄托了人们向往美好生活，追求平安幸福、美满团圆的祈愿。

“一口叙述千古事，双手对舞百万兵。”寺沟村的皮影戏开唱了，在灯盏的照射下，“皮娃娃”一个个在影幕上闪亮登场，四胡、三弦、唢呐、长杆喇叭、小战鼓、大铜锣、铰子、棒子、盏儿等也乐声大起，一如数百年前，村民们引颈而观，每个人的脸上都洋溢着灿烂的笑容。

索卜滩

【这里有个神秘的鸡蛋会】

庙会、演唱会、交流会……各种会见得多了，单就没见过互助县丹麻镇索卜滩村的“鸡蛋会”。

鸡蛋会是一个什么样的会？是拿着鸡蛋去开会，还是卖鸡蛋的交流会？从名称上看，鸡蛋会肯定和鸡蛋有关，难不成是村里比赛谁家的鸡下蛋多？

哈哈，别乱猜了，都错了！下面就跟我去索卜滩村看看鸡蛋会吧。

可以说，索卜滩特殊的文化现象不仅在海东独树一帜，在青海也属凤毛麟角，单从鸡蛋会这个名称，你就能看出索卜滩村的不一般。

索卜滩村位于互助县丹麻镇南三公里处，东为鱼儿山、龙落沟、上阳坡，西为西滩大坡，南北向的哈拉直沟河从村中穿过，河东侧紧邻南北向的丹高公路，将索卜滩村分为东西两部分。

哈拉直沟河奔流不息，沿着河道前行，水流声若隐若现，两岸沟壑纵横，在大片裸露的黄土上，偶尔有白杨树林在顽强地生长。

车过龙落沟，便看见一排排房屋，那里便是索卜滩村。龙落沟是一个挺有意思的地方，索卜滩村的故事也应该从龙落沟讲起：相传曾有龙落入索卜滩南面的山沟，龙落沟由此得名。互助无疑是龙的故乡，在很多地方都有龙的传说，这些传说基本上都和龙王山有关。龙王山是互助北山的主要山脉，山上有一个天池非常壮观，但因为道路险峻，见过龙王山天池的人为数不多。也正因为水，才有了龙王山以及龙的传说。和索卜滩村一沟之隔的西滩大坡，坡根部也有一个西滩神泉，泉水清澈，矿物质丰富，可饮用，此泉水北距龙王山天池水出口五公里，据村民讲，天旱时节在此祈求就会降雨，所以才称之为神泉。此外，索卜滩村东、西两座山相对，达到阴阳和谐的目的，可保村庄子孙兴旺、安定繁荣。

关于索卜滩村的形成，这里的人们说法基本一致：13 世纪初，成吉思汗的部将格日利特带兵到互助县一带，格日利特因病故于索卜滩村，后人修建了索沙什当本康，并居住于此地，与当地人“霍尔人”通婚繁衍生息，索呼（即蒙古）索卜滩意为蒙古滩。

很有意思的是，在索卜滩村，树也是有公母之分的。索卜滩村的正中心就是索卜滩寺，相传寺院始建于 1338 年。寺院大门前有两棵古杨树，直径 1.6 米，高 30 米，树龄 300 多年，当地人称古树为“盘龙将军龙爪树”。两棵树有着不同的体形和特性，村民们认为它们中的一棵为雄树，一棵为雌树。雄树高大威猛，冠盖华英，枝繁叶茂，巨大的根系裸露在地面上，像一只龙爪紧紧抓着这片土地；雌树纤细秀丽，多姿苍翠，雄树的一枝延伸过去搭在雌树的顶端树干上，像是在相互倾吐爱慕之意。

关于“盘龙将军龙爪树”的来历，索卜滩村流传着这样一个美丽的故事：传说，13世纪初的索卜滩村是一片水草肥美的滩地，一代天骄成吉思汗的部将格日利特带兵到了今互助县境内，最后将生命留在了这里，或许将军不愿离开这片他挚爱的土地，遂与他的妻子化身为夫妻树。树根的龙爪寓意着将军对这片土地的眷恋，他的部下为了寄托对将军的追思，将脚步停留了下来，与当地“霍尔人”通婚繁衍生息。后人为了纪念格日利特将军，便将它们命名为“盘龙将军龙爪树”。这个传说在清代藏文文献《佑宁寺志》中有明确记载：13世纪初，“成吉思汗之部将格日利特率领其部属到此，现今的霍尔人约为这些人的后裔”“格日利特嗣后，化作达里精灵，居住郭隆之山岩上，他对嘉赛活佛显示了自身着‘索呼’（蒙古）装束之法相，（嘉赛）因指命（格日利特之幽灵）为那里的土神”。1604年，佑宁寺落成时，格日利特被追封为“尼达”（地方保护神），其铜像被供奉在佑宁寺，所以土族长期以来把他当作本民族的祖先来崇拜。

索卜滩村还有很多类似的故事，比如路边的一块石头就有一个故事，这是一块中间有一道整齐的裂痕的石头。传说这是格日利特将军劈开的。有人说是将军身披战袍，率领千军，为鼓舞士气，挥剑劈石；还有人说是将军常年征战，在索卜滩修养一段时间后，为了试一试自己的体能而挥剑试刀，结果在一块石头上留下了一个永恒的纪念。

很显然，索卜滩村是一个盛产故事的地方，《拉仁布与吉门索》的故事在这里也比较流行。

《拉仁布与吉门索》是用纯土族口语创作的，在民间也用土族语演唱。这部民间文学作品用生动的形象、深沉悲壮的语言，以讲唱的形式，记述了一对青年男女的热恋悲剧，属于讲唱体裁。《拉仁布与吉门索》主要讲述的是牧主妹妹吉门索与雇工拉仁布的爱情悲剧故事。吉门索和拉仁布相爱后，遭到嫌贫爱富的哥嫂百般阻挠，将他们“隔离”，但拉仁布和吉门索的爱情无法被拆散，高山、深涧、大滩也难以阻隔他们相会，他们与哥嫂展开针锋相对的斗争。吉门索的哥嫂便狠下毒手谋杀了拉仁布，吉门索也投身拉仁布的火葬堆殉情，最终一对情侣死后化树化鸟，永不分离。

呜呜！不要伤心了，咱们还是去鸡蛋会上瞧瞧热闹吧！

每年农历三月十八日，鸡蛋会就准时在村西龙王庙前举办。这一天，庙里的神殿前竖起高三丈三的幡杆，下埋一尺八深，寓意为三十三天界，十八层地狱。用彩纸剪贴成云纹、水浪样式的长幡，挂在杆头垂落于地，幡杆上端横置两齿叉，叉尖各有一个大馒头，寓意日月同辉。幡杆上端还拴着包有五色粮食、红枣、花生、水果糖及硬币等物的布袋，谓之“梁蛋子”。请大家注意，傍晚仪式结束的时候，众人会围抢这些供品，得馒头者生状元郎，得“梁蛋子”者可禳灾避祸，化凶为吉。

因为是神会，这一天参会的所有土族群众都会穿上最漂亮的民族服饰，特别是年轻的土族妇女，穿上五彩花袖衫，戴上宽边礼帽，礼帽前边插上鲜艳的绢花，绢花中间还安放一块小方镜子。于是，整个会场变成别一种形式的花海。有意思的是，神会中还有一个有趣的民间游戏——碰鸡蛋。游戏不只是小孩儿玩的，而是到会的男女老少都要玩。

这一天，所有参会者都会携带熟鸡蛋到庙会场地，认识的，不认识的，都会互相撞击鸡蛋，蛋破者为输，赢了的剥掉蛋壳吃掉，到庙会结束，剥下的鸡蛋壳洒满会场，白花花一地，鸡蛋会也由此得名。

为什么在这一天人人都要碰鸡蛋？据当地老人说，鸡蛋会源于明嘉靖年间，因一次春天的雹灾而举行的，留下庙会打鸡蛋禳灾之俗，迄今已有400余年历史。老人说这一天打碎很多鸡蛋，地上铺满白花花的蛋壳，龙王和山神高兴了，一年内就不会降落冰雹，庄稼就会丰收。

索卜滩村鸡蛋会与中国远古神话有着某种关联。吃鸡蛋、相互敲击鸡蛋的象征意蕴，寄寓着人们对生命、生育的敬畏和崇敬之情。三月万物化育，是生命的季节，诸多民俗事物都在深层的生命意蕴上暗合于季节更替。索卜滩村鸡蛋会期间，还要在神庙里给龙王、九天娘娘等献牲酬祭，祈求风调雨顺。九天娘娘也称女娲、玄女、凤凰圣母等，为中国上古女神，农历三月十八日是她的诞辰日。

哇麻村

【这里有一个美丽的传说】

之前对哇麻村的印象始终停留在一个美丽的传说中，那就是绿度母的传说。

“哇麻”是藏语，取“高台”之意。哇麻村有一座寺院，叫抓什德寺，土语称之为“抓什德卓玛拉康”。在寺院林立的青海，抓什德寺的规模小之又小，寺院里甚至没有一个喇嘛。但这个不起眼的寺院，名气却不小，一年四季都有朝拜的人，这些信徒或徒步或坐车而来，当中有青海人、甘肃人、四川人、西藏人，不时还会有印度、尼泊尔等地的外国人前来朝拜，所有朝拜者都是信仰藏传佛教的人，远道而来就是因为寺院里供奉着一位神奇的佛。

抓什德寺修建有十米高的绿度母大殿，里面供奉着七米高的绿度母金身雕塑，当地民众称之为“卓玛松尊旦杰玛”或“卓玛桑乾”。绿度母大殿是四川江贡活佛修建的，其修建缘由极富传奇色彩。

2009 年 6 月 25 日，江贡活佛到抓什德寺朝拜，在顶礼绿度母时，听到度母佛给他心传：你往昔为琼波大德时，曾在我面前发愿，未来在北方“朵罗伦阔”地方（也就是土族人居住的地区）修建我的坛城，将作为所有众生解脱的资粮，现今缘分已到。

江贡活佛根据授记，在当地民众的请求和支持下，从 2009 年开始着手修建绿度母（卓玛佛）佛殿，2011 年 10 月底完成外坛城的修建，之后陆续完成装修，塑造七米高、紫铜鎏金的绿度母塑像，2012 年底完成所有修建、装藏事宜，并赐名“赐语度母大殿”。

说到抓什德寺，就不得不说卓玛佛，也就是绿度母佛的来历，其有着不同版本的神奇故事流传。

传说很早以前，哇麻村白氏家族的族长是一位德高望重的老阿奶，她是班禅大师赐封的互助地区十三昂素之 。当时，她的儿子和另外两个人要去西藏朝拜，老阿奶让儿子从西藏请回一尊佛，要供奉在家里。儿子朝拜结束回家，快要走出西藏的时候，才记起老阿妈的嘱托，但回去的路途已经很远，无奈之下，他和同伴就在河边休息。他朝向拉萨跪在河边祈祷一番，之后看到河里有一块画着朦胧图案的小石片，他把这块小石片用西藏活佛赐赠的哈达包裹起来，请回了家。到家之后，他打开一看，石片上居然显现出了绿度母的全身像。他赶紧用一条哈达外加黄布把这块度母包裹起来，对家人说这尊度母佛很珍贵，从今往后这个包不能打开，之后就再没有人打开过这个布包。大家都说请来的度母佛很灵验，很快在“朵罗伦阔”地区声名远播。

之后的传说越来越神奇。

有人说卓玛佛是一只蜜蜂，是从西藏飞到抓什德庄子里的，如果打开黄布包，她就会飞回西藏。

相传，第六世章嘉活佛朝拜卓玛佛，他想看看卓玛佛到底是什么实像，于是一层层打开包裹着的黄布包。当拆到拳头大小时，卓玛佛在章嘉活佛的怀里跳动起来，还发出嘤嘤的蜜蜂一样的声音。章嘉活佛害怕了，原封不动包好，念了一些免罪经、祈愿经之后又供奉起来，而这次拆看事件又给大家留下一份神秘感。

后来土观活佛在朝拜之后也拆过，拆到一半就听到一种诵经声，也不敢再拆了，赶紧包好。从此以后，再也没有人敢拆这个黄布包裹的神秘佛，至今无人知晓直径一尺大的布包里的卓玛佛到底是什么实像。

清同治年间，度母殿被反清人士焚毁，佛殿化为灰烬，原址一片狼藉。

三年后的一个冬天，天气特别寒冷，下了一场大雪，二十多公分厚，田野里一片白色，像覆盖了一片大白毡一样，世间万物静静地睡在雪地里。

一天早晨，白昂索家族一位年过花甲的老阿妈去被焚毁的殿堂遗址前煨桑，发现原殿堂前有一处一平方米大的地方干干的，一点儿雪都没有，便在那块干净的地方煨了桑。

当她回家后，家人问她这么厚的雪地里怎么煨的桑。她说殿堂前有一处一只牛卧过一样大小的地方干干的，没有雪。家里人觉得很是奇怪，就去看个究竟。走近一看，果真如此，但奇怪的是周围没有任何牲畜和人的痕迹。

人们奔走相告。有人组织乡亲们在干燥处挖了起来。当挖到两米深时，挖出了绿度母佛，佛身下面还有三尺深的空洞。据现场查看，佛殿被烧毁时，度母深藏于地下九尺深处，每年以一尺的速度自然抬升，如果人们不挖，到第九个年头，度母佛便会自动跳出地面了。

在这美丽的传说中，我们不知不觉就到了哇麻村。哇麻村北距丹麻镇五公里，东依甘滩岭，山顶有俄博，西为曾花湾坡。南北向的哈拉直沟河从哇麻村西部流过。河东600米处为东西向的景州峡门至东丹麻的公路，村庄分布在路东的公麻台、哇麻台、白抓吉台三个台地上。

关于哇麻村的形成，据村民白成玉家家谱记载，明武宗正

德年间 (1491~1521 年)，其祖上白玉成从西藏迁移至此，因此地牧草肥美便落户放牧为生，繁衍生息，逐渐发展壮大形成现在的村落。

哇麻村还有一个上台根水磨坊遗址，位于哇麻村六社西北两百米处的上台根部，东至景州峡门至东丹麻的公路，西至农田，南为梨花沟至黄草沟的公路，北至农田，磨坊坐北朝南，为木构架结构，该水磨坊建于民国三十五年。

哇麻村曾是远古先民们居住过的地方，公麻台遗址就是一个明证。该遗址位于哇麻村公麻台东南约 150 米处，地势东南高，西北低，东距犁铧梁梁约 100 米，东北 200 米处为强壮热山 (也叫尕龙王山)，西距南北向的丹麻河约 500 米，隔河为西山。遗址平面呈正方形，边长 41 米。地表为农田，散布零星夹砂红陶片、泥质灰陶片，未发现文化层，从采集的陶片分析属青铜时代卡约文化遗址及汉代遗址。

【被一百零八个神泉包围的村落】

互助大庄

话说很久很久以前，到底有多久我们也不得而知，但有人说那年是大明王朝万历八年，互助县东沟乡大庄村的土族先民们过着丰衣足食的日子。这里土地肥沃，风景如画，每年春夏之交，大片的油菜花便将大地染成金黄色，村落和人就都成了这幅巨幅山水画中的元素。

但不知为什么，有一天这里的人们开始遭受干旱的煎熬，许久没有下雨，地里的庄稼开始枯萎，人们饥渴难耐，就连家里养的母牛也不再发情。

大庄村是土族人的发祥地之一，早在卡约文化时期，就有人类在这里繁衍生息，至今已在大庄村发现青铜器时期遗址数个，不仅挖掘出陶器，还挖出了三件石器。当然，还有鹿角、兽骨等。由此可见，大庄村当年也是丛林之地。

闲言碎语不要讲，咱们继续关注大庄村那次的大旱灾。虽然大庄往互助方向有一条加定河，但远水解不了近渴，持续的干旱开始让一些人绝望，准备举家迁徙。可是，多数人还是舍不得离开祖祖辈辈生活的地方。这时，有一个村民提醒：我们去龙王山求雨吧！

一呼百应，村民们聚拢起来，带着一颗虔诚的心向东方的龙王山进发。距离此地十余公里的龙王山是互助北山的主峰之一，也是土族群众心中的神山，据说山顶有一个巨大的天池，那里住着一位龙王，因为山高路险，很少有人能够上得去。

抵达龙王山后，请来的高僧喇嘛开始祈愿，撒下的风马五颜六色，在空中打个旋后又落在人们的头上、身上，大庄的村民们大气不敢喘，生怕自己惹龙王不高兴。

祈愿仪式结束后，人们开始往回走。“你说能不能求到雨？”“但愿龙王能可怜我们！”但结果令人失望，在已经能够望见自己的土坯庄廓院时，依然晴空万里，一丝云彩都没有出现。但是，这种沮丧是短暂的，他们马上跪倒在村边，因为这里奇迹般出现了很多泉眼，泉水汩汩地不断往外流，不仅流向村庄，还流向干渴的田野。“龙王显灵了！龙王显灵了！”人们奔走相告，喜极而泣。大家数了数，共有 108 个泉眼。

之所以称为神话故事，肯定有神奇之处。大庄这处后来被称作黑泉的地方，成为了一片湿地，并且和拉东泉、拉麻官泉三条地下水喷涌而出形成的泉水，汇聚成一条河，穿村而过。这条河便是大庄河，经过姚马村、韵家口，最后注入湟水河。检测记录显示，中华人民共和国成立初期，大庄河的水流量特别大，在夏天河面足有 50 多米宽。当时没有桥，每到仲夏雨水丰沛时，河水暴涨，根本不能过河，河水甚至会把河岸两边的树木冲走。河里生活着一些叫不出名字的鱼，最大的有手掌般大小,最小的只有小拇指大。由此可见,这些泉水是多么丰沛。

最为神奇的是，黑泉的一个泉眼还有预测天气的“特异功能”，每到下雨前，这个泉眼的水就会变浑。因此，每当初一、初八、十五，全村男女老少都会在“神泉”前煨桑，遇到大的干旱，全县群众也会来这里求雨，异常灵验。

大庄村位于互助县东沟乡西五公里处。村庄南依圆山，北为驮盖顶山、纳家岭，南为塘沙坡，平大公路穿村而过。

丰富的水利资源，肯定会孕育出茂盛的森林，据专家考证，目前在大庄村附近花园沟东面的山顶上依旧生长着一小部分天然的松树和柏树，从树龄推知，一两千年以前，大庄村附近遍布天然森林。后来由于历史变迁，特别是人口增多，牧业过度发展，导致森林被砍伐殆尽，所以到 1949 年前后，大庄村周围林木稀疏。1936 年，马步芳为了其统治利益，强行命令大庄村村民种树，他按人口从各家抓取一定的壮丁，划出地域范围，用鞭子和刺刀逼迫村民为他植树造林，在大庄村一带，所有的平川基本都种上了杨树等林木，这成了大庄村一笔宝贵的财富。至此，大庄村的山上和平川上都生长着茂盛的松树、杨树和桦树等林木。

大庄村黑泉社南侧有一个山头，山顶修建有佛塔，登上山顶,大庄村就尽收眼底,这时我们才发现,不是大山包裹了大庄，而是大庄包围了大山。从山顶俯瞰，东、西、南、北四个方向都有房屋遍布，山坳里的村落显得那么静谧而和谐。大庄村的很多房屋都从以前的土坯房改为砖瓦房，但也有例外，我们在大庄也看到了一个二层土楼，奇怪的是里面没有人居住，当地村干部说，那是他们为了保护传统建筑从村民手里买来的，给这个古建筑异地安了家。大庄村还有一座寺院,那就是广福寺，该寺院始建于清光绪年间，1984 年维修、彩绘。

随着旅游业的兴起，互助这个全国唯一的土族自治县受到国内外游客的青睐，这里的轮子秋表演引得游客啧啧称奇。和土族婚礼表演等一样，轮子秋早已成为互助土族文化的一个重要符号。然而，出乎很多人意料的是，轮子秋的诞生还有一个颇具传奇色彩的故事，并且轮子秋的历史并不遥远，它竟然是大庄村胡宗显的杰作。

轮子秋，土族语称“卜日热”，意为旋转。关于轮子秋，在大庄还有另一种传说。相传很久以前，土族的祖先为了寻求生活的出路，上云天擒青龙驾金犁没有成功，又攀石山捉野牛套银犁，也失败了。但他们毫不气馁，又下平滩牵黄牛，终于将又肥又壮的黄牛驯服了，驾上缺犁把荒开，犁了南滩犁北滩，撒下金子般的青稞种子，辛勤务劳，获得了丰收。为了把庄稼运进场院，他们又打制了木车。当把最后一车捆子运进场院时，车子翻了，朝天的那个车轱辘转个不停，两个孩子在车上飞舞，嘴里哼着庆祝庄稼丰收的家曲《杨格喽》。此后，每年碾完场，土族人民都要把大板车的车棚抬下来，将车轴连同轱辘竖起来，底扇压上碌碡或大石头，顶扇绑一横杆或梯子，横杆或梯子两头拴上皮绳的圈，荡秋者坐在绳圈里，由他人推动横杆或梯子，这样车轮载着荡秋人在空中飞速旋转，围观的人载歌载舞，为荡秋者加油、喝彩。据说，荡了轮子秋的人一年都浑身舒服，关节灵活，腰腿不疼，神清气爽。围观的老人和孩子们争抢着上去转一转，用来消除疲劳，释放欢乐，增强意志，消灾除病。

已近 80 岁高龄的胡宗显至今仍是一个体育迷，家里的电视基本上锁定在央视五套。也正是对体育的痴迷，让他和轮子秋有了难解之缘。1979 年，全国少数民族传统体育运动会在内蒙古召开，青海撒拉族和土族被确定参加开幕式表演。青海省体委张德发处长找到时任互助县大庄村党支部书记的胡宗显，向这位熟悉民族体育运动项目的老书记求助。两人当即决定从木车轮上找突破口。

在全国少数民族体育运动会开幕前的一个月，胡宗显开始对木车轮进行全面改造。首先将木车轮改为铁质轮子，套以滚珠轴承，下有圆盘带狮子样的底盘固定在地面。基础工作完成后，剩下的便是精雕细琢。第一个难题就是怎么给这个轮子取名字，因孩童们在木车轮上嬉戏时适逢秋收季节，最后确定命名为“轮子秋”，因此又在柱头尖上安放了铁制的麦穗模型。为了体现出土族民族特色，还在轮子秋外部用土族七彩绣饰进行了装饰。

就这样，第一个轮子秋诞生了。

轮子秋诞生之后就表现不俗，1997 年香港回归、2008 年北京奥运会开幕式上，互助土族轮子秋都给人们留下了难以忘怀的印象。尤其是北京奥运会开幕式前的轮子秋表演，让国内外观众倾倒。如今，轮子秋不仅走出了大庄，走出了互助，走出了青海，还走进了青海省非物质文化名录。

洛少村

【写进大清庄堡档案的村落】

在互助土族自治县东沟乡的东部，有这样一个古老的村庄，清朝乾隆年间的《庄堡录》中赫然写着它的名字。那么，这个名为洛少村的村落，到底有哪些神秘所在？

前往洛少村时，心里一直有个阴影，怕有老虎突然从路边窜出。真后悔没有喝上三碗酒，没有拿根棒子，学一学武松打虎。这个担心是有根据的，洛少村南面有一个在土语中称为什旦纳的地方，以前那里丛林遍布，老虎众多，什旦纳用汉语说就是老虎沟的意思。不过，洛少村周边的山沟都能给人遐想，村落西北至东南是孔雀山，土语称“乔塔哈拉”，隔一条沟就是鹿下沟。单从这些地名来看，就能知道洛少村古来有多美，怪不得在大清时会被载入全国庄堡名录。

洛少村边最主要的一条沟叫洛少沟，村名也由此而来。“洛少”在民国以前被称为“窝洛善”，也是土语，意思是清澈的泉水。看遍东沟乡东部所有的山沟，唯有洛少沟泉眼众多，溪水清澈，“窝洛善”的名称确实名至实归。

有水就会有龙。洛少村果然有一个龙王庙，始建于清光绪年间。看来，洛少村是一个藏龙卧虎的地方。村子里还有一个红花庙，年代更为久远，建于明宣德年间。

洛少村是一个纯土族村，主要居民为张姓、李姓和乔姓。洛少村乔姓应形成于元末明初。元末，蒙古军民为躲避明军的追杀，开始隐姓埋名，蒙古古老的姓氏乞颜氏也不例外，现今，蒙古族和土族的祁姓皆由“乞颜”近音而得，乔姓也是“乞颜”音近姓氏之一。而在洛少村，乔氏自称为“蒙古勒”人。

明洪武年间，地处交通要道的享堂地区（今民和县）人民服役劳重、灾害连绵、民不聊生，导致当地群众纷纷弃田逃往山区，躲避战乱和灾害，其中也包括乔姓人家。他们一路向西北挺进，在今互助县东山乡驻足，于是有了现在的东山乡乔家庄。直至明万历年间，乔家族人众多，原有的山地根本无法提供众人的基本生活所需，而最让他们受不了的是，东山天干缺水，因此充足的水源成了乔家庄人的向往之地。越是向往，就越是得不到，这种生活对于乔家庄的乔老二和乔老三来说是一种折磨。于是，在一次家族会议上，他们两个人提出要走出村庄寻找向往之地，族长认为这里虽然缺水，但毕竟是祖上留下来的，他们不该干出得罪祖上的事情。

经过一番激烈的讨论，最终乔老二和乔老三在族人们的一片质疑声中“净身出户”。长期谋划的结果告诉他俩，应该往北走，因为这里的地势北高南低，所有河水都是自北而来。打定主意后，他俩便朝着东山东北和西北两个方向分头找水。经过三十里的北上奔波，乔老三的马匹已经体力不支，看似魁梧的他此时已是万分焦急，同时也有一些悔意：“寻找向往之地真不是那么容易的事啊，真该听从族长和老人们的话。但是现在回去，只会让别人看笑话，就当自己能拉下脸面，可是骡马也走不回去啊。”眼看夕阳已斜，在一番纠结后，他终于清醒地认识到，村子是回不去了，眼下最好的办法就是尽快找到水源，为自己增添动力。

乔老三咬着牙继续踌躇前行，但他不知道，在前方的一公里处，将有源源不断的清泉在等待着他的到来，他更不知道的是，这将是他改变命运的最后一公里。直到“冲刺”阶段，马儿开始加速，鼻腔的呼吸也变得激动时，他才意识到，原来幸福可以来得这么突然。最终，他来到洛少村。

而比起乔老三，乔老二似乎经历了更多的坎坷，因为他最后选择的地方是同样水源充足的丹麻镇乔吉沟。往后的故事桥段，我觉得已经不需要再做过多的赘述了。但值得一提的是，如今，乔吉沟和洛少村的乔姓人数，已经远远多于东山乔家庄，而发源于洛少村的乔姓也是覆盖到了周边的村落。

洛少村是一个山清水秀、人杰地灵的地方。从村子对面的欠巴垭壑远远望去，洛少沟宛如一位老人盘腿端坐。高高的“萨朗山”犹如身子，“萨朗索格多”犹如头颅，而“鲜姜达列托罗盖”（团城）、“哈喇喇嘛胡旭”（宁玛派高僧修行处）犹如左右两腿盘坐，整个山沟没有一处破裂的垭壑。洛少沟阳面山岭被称作“满达”，夏季野花盛开；阴面山岭被称作“强都乌拉”，好似鹏鸟降落。

洛少沟内泉眼众多，溪水清澈。有被称作“索呼布拉格”的蒙古泉，有被称作“阿妮布拉格”的祖母泉，有“伏兰布拉格”（红泉）、“伏木黑布拉格”（臭泉）、“加嘎布拉格”（上泉）、“多若布拉格”（下泉）、“德都日阿勒”（上河）、“多都日阿勒”（下河）……据老人们讲，一百多年前，洛少沟里有几百口泉眼。

优美的环境孕育了优秀的儿女，在洛少村的历史上不乏高僧名人。公元1906~909年间，洛少噶居·意希嘉措曾任郭隆贤巴林寺（佑宁寺）金刚师。20世纪90年代，洛少村尼茫庄的喇嘛华热贤巴考取了甘南拉卜楞寺开放后的第一批“格西”（藏传佛教最高学位），成为第一批六名“格西”中唯一一个土族喇嘛，之后，他遵从第八世土观活佛的授意多次到佑宁寺讲经说法……

洛少村是佑宁寺主要的香火庄之一，乔姓人为佑宁寺代理寺主松布活佛的“娘家人”，张姓为章嘉国师的“娘家人”，

整个村落和佑宁寺关系密切。

此外，拉康、本康、敖包、索格多是洛少村最具特色的，它们与周围的山水浑然一体，构成洛少村特有的人文景观。

洛少村供奉的保护神是护法神“巴哈尔康”“达木尖桑”。相传“巴哈尔康”为《格萨尔王》中的霍尔白帐王，因在与格萨尔的战争中战败，故凡是供有“巴哈尔康”的地方禁止说唱《格萨尔王》。

春节（土语称“希努萨日”）是洛少土族人最隆重、最盛大、历时最长的节日。除夕，土语称“恰布萨尔”。这一天，人们一大早起来进行屋里院外最后一次大扫除，接着贴钱马，贴春联，屋里屋外布置一新。之后忙碌着卤肉，捏饺子，擀长面。中午时分，要蒸一笼叫“恰布萨尔学美”的包子，这种包子是洛少村的人们必吃的，还要分送给家族长辈。傍晚，人们拿上所有过年食物的份子，拌上名叫“斯佐尔”的油面，到坟茔祭祖。“恰布萨尔”这一天外借钱物一律要收回，外出的人们也纷纷赶回家中团聚。家庭主妇在厨房为“灶爷妮妮”的神位重新抹上黄泥，点上白三角点，在供板上点上神灯，用吉祥的白色和清香的桑烟，迎接“灶爷妮妮”归位。除夕夜，洛少村的人们一般不入睡，静静地守候着，等待着新的一年的到来。

大年初一的太阳升起来了。洛少土族人给自家的马、牛和领头羊的鬃、尾、颈毛上拴上吉祥的哈达或红绸，喂给年馍，放着鞭炮驱赶出家门。它们奔向哪个方向，就预示着那个方向将是水草丰美的地方。这个习俗传递着这样一个信息：洛少土族人曾经是游牧民族，他们非常敬重牲畜，因为牲畜在那个年代是他们的衣食父母。

接着男女老少穿上节日盛装，汇聚到村庄的广场上，人们见面时互道“希努赛尼”问候祝福。他们转轮子秋，荡秋千，打篮球，跳安召舞，尽情欢乐着。幸福美好的光景带来的愉快心情展现在每个人的脸上。

正月初二是洛少村村庄保护神的祭祀日，土语称作“希格拉择”。这天，人们拿着祭品汇聚到本村的拉康。他们为供奉在村庙的保护神献供、点灯、上香、煨桑，顶礼膜拜之后，在“总管”和“特柔奇”（头目）的主持下由“什典增”（专门请神者）请护法神，恭听护法神降旨预示年景。“什典增”洗手、嗽口、熏身、脱帽后恭恭敬敬地请下神矛，双手举在胸前，口诵“索勒喀”祈祷。

正月十五元宵节，土语叫“哈然塔温”。正月十五晚上，洛少土族人家撤去所有献供，表示“希努萨日”已经过去。夜幕降临后，家家户户门前燃起火堆，全家老少从火堆上来回跳三次，以驱邪消灾。跳火堆还有一个讲究，就是提前在门前摆放好麦草堆，堆成三、五或七的单数，从灶火内引来火种点燃。跳火堆土语叫“嘎勒都力”。火堆熄灭后，人们把各家门前的灰烬聚拢在一起，围着余火跳着欢乐的安召舞，唱着嘹亮的“安召索罗罗”。

【被九条沟切割出的村落】

年先村

不到互助县东沟乡年先村，就不知道青海的山多沟深；来到年先村，才知道它有多神秘。

年先村被当地人称为“叶森郭勒”，土族语言中“叶森”意为九，“郭勒”为水沟之意，因此“叶森郭勒”意为有九条水沟的地方。因为被层层大山所包围，年先村周边的沟壑其实远远不止九条。年先村的沟壑与别处不同，这九条沟排布得特别有规律，并且每条沟内都有泉眼，因此每条沟内都形成了丰盛的水草滩。如果我们是一只苍鹰，或者是一只麻雀，从空中鸟瞰年先村，就会发现村庄的沟壑呈鱼骨状。位于村庄中部自东向西流淌贯穿整个村庄的是鱼的主干骨，村庄最东部的古公郭勒是构成鱼头骨的沟壑，最西边自北向南流淌的隆希郭和自南向北流淌的希格郭勒则是鱼尾骨的构成，而自北向南流淌的尼茫沟、胡都郭勒、卜浪图郭勒与自北向南流淌的吉玛图郭勒、窝郭勒和马永郭勒为鱼的主干骨两侧的腹肋骨。

九条沟中，尼茫沟是有故事的，它让我们想到了诸葛亮的“空城计”。相传很久以前，年先村与附近村庄发生冲突，导致附近村民攻打年先村，位于村庄门户的一社是抵御敌人进攻的第一道防线。虽然有大山作为防御的屏障，但为了做到万无一失，村民们便火速筑起了简单的防御工事——团城，但因时间关系，团城只建了0.4亩。当时整个村庄只有40多户人家，面对来势汹汹的敌人，仅凭武力根本不是对手，所以只能通过计谋来防御。不知道是谁想出了一个好办法，也许真是受到了诸葛亮的启发，他们将所有的男丁都布防于城墙之上，但村中男丁只有四十多人，为了震慑敌人，来回走动于城墙之上的男丁，每隔十分钟就会下到城内换一套服装，之后继续到城墙上来回走动。就这样，在远处观察的敌人怀疑此城人数较多，口中大喊“尼茫年先庄”（年先庄好多人），便撤了兵。就这样，年先村村民以他们的智慧阻止了一场血雨腥风，尼茫沟也就这样被叫了开来。至今，尼茫沟还有一个团城的遗址。

年先村村民与互助县大多数村庄一样，自称为“索乎人”，“索乎”意为蒙古。年先村原住民苏氏的来历跟“索乎”也大有关联，“苏”其实是取了“索”的谐音。和互助县很多土族村落一样，年先村的形成也和格日利特有关。在互助土族中，广泛流传着祖先来自蒙古人的传说：一代天骄成吉思汗派大将格日利特率部驻守互助丹麻索卜滩，其后代和当地人通婚，逐渐繁衍而成土族。格日利特驻扎索卜滩时，要在周围选取几个易守难攻的防御点，便派手下军师四处查看地形，当军师走到九条沟时，手中所捻的羊毛线也刚好完成，看来和这里有缘，再看地形更是大喜，四周的沟壑构成了天然屏障，于是便将此地选为军事据点，此后形成的村庄也就称为捻线庄。1949 年后，因该村年年获得先进，遂被称为年先村。

年先村的庄廓院很有土族民居的代表性，至今仍保留有一座清代老宅，这所老宅门楣高大，雕饰精美。虽历经百年风雨沧桑，古屋仍透过悬梁吊柱、精致的木刻、精美的纹饰、雕花的门窗向我们展示着它的考究和精致。

站在楼下，还能看到西楼的木护栏是悬梁吊柱样式木雕，栏板有三组木雕，左边是大象图案，中间雕着狮子滚绣球，右边的木雕是祥龙。次间六组是我们熟悉的暗八仙图案，也就是吕洞宾、铁拐李等八位神仙用的法器。这些木雕经历了百年风雨，但看上去仍旧栩栩如生。

这个老宅是土木结构的独院，房屋建筑用木材本色，古楼上的柳木和楼梯、门窗也都是木材本色。文物普查时，专家发现这一层楼依地势而建，搭在土崖上，左手边的房子隔出了一间储物间，依着土崖，以崖为墙。如今，从隔间看过去，土崖依旧和房间相依偎着，也许百年来它都没有改变，就这样静静地守护着古楼，让它依靠，给它支撑。

背经转山是一种封闭式的以自然村落内全体信仰主体为参加对象的宗教活动。在这一活动中，除个别家庭因没有男性劳力而可以请人代替外，一般不吸收外来成员，也不让女性参加，村落内的成员也不会去外村参加这一集体性的宗教活动。

背经转山的时间各村并不一致，年先村转山的时间一般为农历六月初九至十一，但是一定要选在丹麻花儿会的前两天举行，对于这个奇特的时间规定，村里没有人能够说清楚。

每年这一活动的次数也不固定，一般来说，如果当年庄稼收成好，来年仅做一次补偿性的转山活动，规模不能太大，以免冲减当年修成的功德，有时甚至不进行这一宗教活动；如果当年的庄稼遭到自然灾害的严重破坏，

导致收成欠丰，则在来年要进行规模较大的背经转山活动。

举行背经转山活动的当天清晨，村里每户人家都要出一个男性背经人，每人背负一函佛经。然后，从村庙中请出神箭和“娘娘”，每尊神由四个男子抬着在前面领队，背经的人自成行列尾随其后，在属于本村地界的田地周围绕转一圈，活动即告结束。

背经转山这一宗教活动是土族在农业经济生活的基础上产生并发展而来的一种文化现象。因此，它与农业生产的季节性和周期性也是相适应的。每年农历的五、六月份，正是庄稼成长的重要时期，如果有适宜的水分、养料与日照，则意味着庄稼的蓬勃成长乃至丰收，反之则预示着来年庄稼欠收。

五十村

【走进神秘土地霍尔郡】

对五十村的记忆比较深刻，一个是它的地名“霍尔郡”，另一个就是土族盘绣。虽然曾经多次前往，但这一次依然心情激动，因为之前总像一个过客，和五十村擦肩而过，这一次却要真正走进她的内心，倾听她的声音。

初冬的第一场雪在夜间悄然飘下，早晨从平安出发时，公路上尚有积雪未化，两侧的树木上也是，还真有点儿银装素裹的味道。因为民大公路正在修建，从平安到互助五十镇，道路极不平坦，我们就这么颠颠簸簸地上了路。

过了湟水河，驶过白马寺，实际上就已经到了互助的地盘，左侧是红崖子沟，浑浊的河水不紧不慢地流淌着，因为到了枯水季节，河水并不多。右侧则是连绵起伏的山脉，一座座山头忽而是红色，忽而是黄色，但一律难见绿色，只有枯黄的小草稀稀落落。

20余公里的道路稍显漫长，过红崖子沟乡，再到五十镇，然后拐向佑宁寺的方向。通往佑宁寺的道路刚刚新修，一公里后，五十村就到了。

五十村位于互助县五十镇东北三公里处，东依白马克近山、白庭山，两山之间为磨合沟，西靠克欠诺日山。南北向的红崖子沟河从村西部穿过，将村庄分为东西两部分，东面主要分布在白马克近山的东侧、西侧、东南部（磨合沟沟口两侧的台地上），西面则在克欠诺日山东侧。

五十村所在地五十镇位于互助县境东南部，属脑山和浅山地区，海拔高，气候较凉，无霜期短，且多雨雪和霜冻，植被有松树、柏树、杏树、丁香树、紫丁香、牡丹、芍药、菊花、冰草、杂草等。野生动物有野鸡、野兔、山鸡、鼠等。

站在五十村，一眼就能看到两座山，那就是白马克近山和西部克欠诺日山，两山遥相呼应，形似二龙戏珠，将村庄环绕其中，似在游玩嬉戏间保卫村庄的安全、祥和与太平。

五十村地下水丰富，五十村东部有两眼泉水，白毛北部有泉水一眼，白毛东北部有一百零八处泉水，水质清澈并含有丰富的矿物质，成为当地人最好的天然饮品。

五十村散布着20余个传统民居，这些民居都用黄土夯筑墙体，打造成院落式布局，院墙也用黄土夯筑而成，墙基厚0.85厘米。房屋多为坐北朝南，土木结构抬梁式建筑。

霍尔郡应该是五十村的中心，从这个地名也不难看出，这里是土族的重要发源地之一。霍尔郡寺就位于五十村四社东部的霍尔郡团台上。东至贴口台台，西至庙后头，南至转经路，北至李生铎宅院南。寺院为院落式布局，由释迦佛殿、北房、东厢房、山门组成。院落平面呈正方形，边长 29 米。释迦佛殿为木质二层楼阁，七架梁，面阔六间，进深三间，正脊有宝瓶吻兽，雀替雕花卉，整体彩绘，一层现为仓库。据当地人介绍，霍尔郡庙始建于明代。

土族人信奉藏传佛教，五十村还有一个五十寺，始建于明代。该寺坐西朝东，为院落式布局，由山门、宗喀巴殿、北厢房、南厢房组成。其中，宗喀巴殿面阔三间，进深三间，正脊宝瓶吻兽，青瓦铺顶，山墙为白泥抹墙，整体彩绘。

娘娘庙则位于白毛东部的庙台上，始建于明代，坐北朝南，由围墙、山门、娘娘殿组成。

除了庙宇，五十村还有两处古城堡：一是上官堡，二是下官堡。上官堡位于霍尔郡东南部，城堡平面呈正方形，边长 22 米。北部和西部留有残墙，东北角有敌台。根据夯层分析，城堡属明代建筑。下官堡位于霍尔郡东南，同属明代建筑。

土族原是叱咤风云于马背上的游牧民族，先民曾建立过长达 300 年之久的吐谷浑王国，公元 7 世纪中叶，吐谷浑亡国后留居于河湟一带，与蒙古、汉、藏族等民族融合而形成了一个新的民族——土族。1000 多年来，土族与其他民族在与自然和社会的严酷斗争中共同开发了这片神奇的土地。

土族的服饰很独特，具有鲜明的民族特色。土族妇女身着七彩花袖衫。关于这种衣服还有一个关于“七彩鸟”的爱情故事，花袖衫因此而具有了浪漫、诗情画意的美感。

花袖衫中的红色象征太阳和幸福，黄色象征大地与丰收，绿色象征庄稼与希望，白色象征牛羊与吉祥。尽管各地土族对色彩的象征说法不完全一致，但都表达了一个愿望，那就是对世间自然万物的热爱和对生息大地的呵护。

互助地区最古老的帽饰是“托欢”“扭达”，种类繁多，鲜艳别致，象征富贵、吉祥，1949 年后逐渐被现代轻巧的花毡帽所替代。另外，具有民族特色的“恰绕”（鞋的总称）造型灵巧、线条流畅、协调自然、典雅美观，“普斯尔”（腰带的总称）则集中了土族刺绣艺术的精华，展现出土族妇女精湛的刺绣技艺。她们将自己的智慧用灵巧的双手体现出来，将美丽的彩虹、鲜艳的花朵都缝在腰带上，把自己装扮得花枝招展而不落俗套。在互助土族服饰中，古代游牧经济生活的气息和萨满教的影响以及先民吐谷浑时代的遗风都有所保留。土族妇女的花袖衫土语称为“秀苏”，是最醒目、最美丽、最有代表性的服饰。

就是在五十村的霍尔郡，土族刺绣这一非遗文化正在这里大放异彩。

北庄古堡

【宗喀巴母亲诞生地】

不用说大家也知道，宗喀巴是藏传佛教格鲁派的创立者，他出生地的塔尔寺更是无人不知、无人不晓。传说宗喀巴的母亲是互助人，她的出生地就在中国传统村落之一的互助县五十镇北庄村的北庄古堡。

从平安县城出发，过白马寺，沿着平大公路前进，左侧一条巨大的沟壑如影随行，这就是著名的红崖子沟——湟水河的一条支流，发源于五十镇的甘滩和奎浪。右侧山峦突兀，跌宕起伏，红色丹霞中，草木稀落，山下及沟堤处是小块的农田。

北庄村就坐落在红崖子沟河东岸，东依南北向的培浪山，形似卧龙，头朝南，尾向北，佑护村庄平安昌盛。红崖子沟是一条季节性极强的河流，两岸因流经丹霞地貌区，夏天河水污浊，冬季则基本干涸。

一条曲折的柏油路通向我们此行的目的地——互助土族自治县五十镇北庄村。五十镇位于县城东南方，离县府所在地有50里路，居民以土族为主。小镇并不十分繁华，一条蜿蜒的马路将这个小镇和互助、平安两个县城连在一起。

北庄村位于五十镇南1000米处。西依南北向的培浪山和寺古拉山，两山之间为东克沟子沟。村庄分布在沟口的南北台地和沟口前的平地上，形成三个自然村，南台地为悬哇台，北台地为香奈台，平地为尖把大庄。

三个台地的名字都有些古怪，尤其是香奈台，到底有什么玄机呢？据村民们讲，香奈台就是宗喀巴的母亲香奈切姐出生地，香奈台也因此而得名。至今，藏区不少信徒每年都会到此地朝香奈台方向叩拜，以示崇敬。

这个古老的村落竟然和宗喀巴有着如此渊源，那绝非一般的村落。果不其然，走进这里，首先就看到这个村落有一座气度不凡的古堡。

红崖子沟的河水养育了一代又一代北庄人，也就是在这条河岸，推开一扇木门，发现一层层石阶正对大门。十几级石阶之上便是村寺——三宝寺，坐北朝南，颇有气势。这里可以说是古堡的制高点，站在小寺木制的走廊上，整座古堡一览无余。

从村落广场南侧拐进一条狭窄的小便道，看着一侧黄土夯成的墙体，无法想象什么样的城堡会建在这样一个所在。再走几步，一侧是开阔的田地，一株株青杨挺立在田梗或路边；另一侧仍是土墙，经年的青苔趴在其上，显得古旧而斑驳。

这个时候，一座二层门楼出现在眼前。

门楼下部洞开，门洞顶部精美的花卉木雕颜色略有不同。原来泛白的是早前的木雕，发黄的为后来所补饰。门楼第二层青白两色的墙体上，有一个紧闭的四格木制小窗。

门楼是通往古堡的必经之路，门前和过庭的路面一律由青石铺就。穿过门楼，又是一段小路，两侧土墙的根部皆由石基砌成，向里走几步，眼前豁然开朗：一个十分幽静的四周封闭的圆形建筑出现在眼前。

环顾四周，只见紧闭的八九个木门分别在四周相围，隔出大小不一的多个院落。这些院落的房顶建造得非常奇特，虽然高墙将每家每户隔离开来，但是每户人家的屋顶却是相通的，而且从每户人家的屋顶都能够登上城墙，由此便形成了一个对外封闭、对内开放的格局，这正是北庄古堡的奇妙所在。早年在院内还分别建有哨楼，如今虽然不再完整，但古堡的防御体系由此可见一斑。

北庄古堡位于三社东南的悬哇台上，城堡为黄土夯筑而成，呈不规则形状，南北长 90 米，东西宽 79 米。通过对夯层分析，城堡属明代建筑。战乱频仍的年代，为了御敌外侵，保卫家园，土族先民在这里修建了这样一个关堡，耗费的心力可想而知。

如今，堡里仅有六户人家居住，居民不到百人。严阵以待、同仇敌忾的岁月，早成云烟，历史的车轮总要辗碎一些东西。

院子中间，是一个高约一米的圆形院槽，里面长满了杂草。据说以前这里还竖着一根杆子，用来拴牲口。想象多年以前的古堡内，拴在院槽周围的骡马嚼着草料，移动马蹄，那落在青石地面上的声音，似乎能隔着历史传过来，清晰如昨。

在互助，土族群众对成吉思汗推崇备至，他们认为自己就是成吉思汗的后裔，在北庄也不例外，村民们认为村落的形成和成吉思汗有关，是成吉思汗开疆拓土路经此地时遗留下来的蒙古士兵在此长期生活逐渐形成现在的村庄。

看到这里，你是不是觉得在看一部影片，或者在某个电视剧里看到过这样的村落？没错！北庄古堡内的锅台连炕、圆槽、古寺、门楼、角楼等建筑形成的独特格局，成为土乡又一处旅游与影视相结合的载体，这里先后成为电视连续剧《扎西的长征》和《走出大山的刘让贤》的拍摄外景地。

寺滩村【百年古刹的后花园】

站在金刚山顶，互助县五十乡寺滩村就一览无余。金刚山的出现是一种吉兆，也许是冥冥中寺滩村已经结了佛缘。环顾寺滩村周边，山峦起伏，古柏参天，峰峦峥嵘。奇怪的是，四周山峦的形状就像一朵八瓣莲花，而前坐山更是形如大象背上背着一个鞍子，山顶如海螺，口朝天，似乎要把妙音传递到四面八方。

寺滩村郭隆沟内的佑宁寺，其名声曾一度超过塔尔寺，因附属寺院众多，被称作“湟水北岸诸寺之母”。寺滩村也因佑宁寺而得名。

寺滩村地处汉藏文化过渡地带，历史上是汉藏结合部，东接甘肃，西接青海“海藏咽喉”的日月山牧区。

佑宁寺创建的传奇故事以及高僧大德的精彩传说，更给这座古刹增添了神秘的色彩。而佑宁寺边的村庄，在数百年的时间里，村落与寺庙相伴，逐渐兴旺、发展。如今，寺院与村落已经融为一体，传承着百年的文化与传说，吸引了众多游客来此观光。

由于佑宁寺规模宏大，僧侣众多，前来朝拜的信徒络绎不绝，所以引来周边群众长期租种寺院管辖的田地做“庄户”，进而形成现在的寺滩村。

寺滩村地形东高西低，南北窄而东西狭长，共有十二个社组成四个聚居地，沿郭隆沟两侧东西方向分布。地处郭隆沟西南部的一块洼地，是被当地人称作瓦窑的自然村，据村民介绍，这里是郭隆两侧土质最好的地方，是当时修建佑宁寺时烧瓦取土之地，如今我们看到的这块洼地其实是当时取土而成的。因此，这里又被称为拉尕尕。从这块洼地不难看出当时佑宁寺的规模之大。瓦窑以东是前坐自然村，因背靠前坐山而得名。郭隆沟西北部是寺滩村村委办公室和村广场所在地，当地人称作“本布浪”或“本浪滩”，“本布浪”为藏语，意为万人集聚之地。紧邻本布浪的是村子二社衙门庄，据村民介绍，1864年在此设立衙门来处理佑宁寺及所辖49座寺院的治安问题而得名。本布浪东部的张郎沟是郭隆沟的一条大支流，而张郎沟和郭隆沟汇合的交叉处则是村庄的中心位置，因在夏季有大片的马莲花盛开而被称为马莲滩，当地藏语称“过芒湾”。

在寺滩村东部一处东西走向的峡谷中，是一座保存比较完好的古代建筑群，这就是大名鼎鼎的被喻为“湟北诸寺之母”的百年古刹佑宁寺。佑宁寺四面环山，古柏参天，峰峦峥嵘，形如八瓣莲花，是佛教圣地。北部为多日杰（即金刚山），一些修法洞镶嵌在陡峭的山崖上，造型奇特，蔚为壮观。

佑宁寺依山傍水，环境幽静，气势恢宏，寺与山层层叠叠，浑然一体。沿山间小路拾级而上，便通向了山腰的各个殿堂，犹如置身于云雾之中，有飘飘欲仙的感觉。

佑宁寺原名郭隆寺，始建于明万历三十二年(1604年)，清康熙年间达到鼎盛时期。清雍正、同治年间，寺院两次被毁，两次修复，雍正帝曾赐额“佑宁寺”。

其实，寺滩村的历史可追溯至元末。关于佑宁寺的建寺传说还有不少。如有传说认为，很早以前就曾有过印度的八十位大成就者来此修炼，留有佛像和文字，并在附近的石崖上留有手、足等印迹。后来萨迦派僧人在此修建了寺院，有喇嘛数千人。元末萨迦派寺院衰落，建筑已不复存在，但古城墙及城门遗址仍然遗存。

寺滩村广场上还有一个人物雕塑，这在青海农村绝对是首个，这个雕塑就是格日利特塑像。

【巨龙现身的地方】

土观村

一座山峰，怎么会有这么奇怪的名称？一个土族村庄，怎么会有过年贴春联的习俗？从它的地名、习俗再到姓氏的传承，土观村让我们印象深刻。

从海东市平安区出发，跨过湟水河，经过白马寺，继续沿红崖子沟向北前行 25 公里，再从五十镇镇政府向西前行 1 公里，一座形如巨龙的山坡便出现在眼前，它的脚下就是已被列入中国传统村落名录的互助县五十镇土观村，而我们的故事也将从这个山坡开始……

也许龙王真的不喜欢那些红彤彤的大山，或许是龙王想要降服山里的妖魔鬼怪，反正，海东山区经常被冰雹“光顾”，特别是互助县境内，冰雹来得更多一些。因为冰雹成为这里的常客，农作物所受的自然灾害自然较多。因此，在红崖子沟一带的村落里，不时就能看到一座座小小的白塔，据说那都是村民用来降服冰雹的“武器”——在不能科学地解决冰雹威胁时，村民们只能通过祈祷来消除灾害带给自身的恐惧。

和周边其他村落不同，土观村“防治”冰雹的秘诀则是这个酷似巨龙的山坡。按照当地人的说法，由于这座靠山能为村庄挡住冰雹的袭击，因此被称为挡坡。除了能够挡住冰雹这一说法，挡坡还有另外一个让人信服的说法：“挡山是养出来的神山。”当地方言将“放羊”读作“挡羊”，由于村子自古就以放牧为生，加之干旱少雨，为了保持生态平衡和牧业的长期发展，村中有一个不成文的村规，就是每年一过青苗节，村中任何人都不许到后山放羊。这种村规加上土族群众对山水的敬仰，久而久之，后山就这样被当地人“挡”了起来，也就有了挡坡之名。

形似卧龙的挡山头朝北，尾部蜿蜒向南，它的东边则是寺热果喇山，形如盘坐的财神。村里老人说，挡山护佑村庄平安繁荣，寺热果喇山可保村庄财源广进。

土观村不大，面积只有六平方公里。它西依挡坡，东为寺热果喇山，北邻五十镇荷包村，南北向的红崖子沟河从村子东侧流过。村子最北部为七社构成的上土观堡自然村，因这里筑有上土观堡而得名；村子最中心的位置为三、六社构成的土观自然村，因这里建有土观寺、土观囊而得名；村子最南部为一、七社构成的下土观自然村，因这里筑有下土观堡而得名；要到达村子的四、五社——黑老鸦（当地口语读“wa”）自然村，那就得翻过挡坡山梁继续往西行驶三公里。

如果你有机会翻过挡坡来到黑老鸦，就会发现挡坡两侧有着完全不同的自然风貌：西侧狭长的山谷里干旱少耕地，而东侧则是土地肥美的宽阔牧场，难怪这里即便老鸦成群、交通不便，但还是有一些村民愿意迁往这里。

土观村中李姓人家居多，传说唐末时，沙坨国主李克用的第十三子李存孝兵败，其子孙逃难到此，最终在这里枝繁叶茂。

李克用是谁呀？那可是曾经为大唐立过大功的人。那一年，黄巢攻陷长安，沙坨起兵勤王，将黄巢赶出了长安。李克用的李姓就是皇帝唐僖宗给赐封的。传说沙坨李的老家就在沙塘川（今互助沙塘川一带），西宁民间小调中就有调兵沙坨李的桥段。

土观村确实出了不少重量级人物，佑宁寺、塔尔寺著名活佛，清代青海七大驻京呼图克图之一的土观一世活佛罗藏拉卜丹就出生在土观村。土观村的村名，也和他有关。

在土观村老人嘴里，还有一个叫李宝通的重要人物，他留给后人无数传奇故事，村民都称他为宝通大人。

在拥有一定实力和财力后，宝通大人决定在村中修建九桑殿（释迦牟尼凌霄殿），想从遥远的拉萨迎请佛祖等身像来供奉。

可是不知为什么，也许就像唐玄奘求取真经时历经九九八十一难一样，动工不久，工人们从不远的拉日滩森林运输木料，每次运到一个叫下哇台的地方时，粗壮结实的车轴就会无端地断裂。宝通大人不信这个邪，亲自押车，走到那里车轴果然又断了。宝通大人双目怒视，弯弓搭箭，厉声大喝："是菩萨即显身，是恶魔定射不饶！"话音刚落，眼前就出现三个美丽的少女，原来她们是三孝娘子的化身。宝通大人赶紧在箭上刻画出三位少女的模样，就在此地修建了庙宇，把刻画着三位少女的箭供奉在庙里。如今，那支箭还被供奉在附近的流水沟村。

话说宝通大人三月动工，九月上中梁，就在这个时候，梁头突然飞落一只体形硕大的乌鸦，并连叫三声。宝通大人觉得晦气，随即拿出弓箭射向乌鸦，乌鸦受到惊吓就飞走了。

事后不久，宝通大人去拉萨朝拜，在布达拉宫释迦牟尼佛像前，他看到了一支箭好生面熟，那不是当初自己射乌鸦的那支箭吗？他心中大慌，暗叫不妙，原来当时落在大殿梁上的那只乌鸦，是佛祖变的。他心想自己冲撞了佛祖，自然无法顺利迎接佛祖了。那就来硬的！于是自不量力的宝通大人准备带兵强行将佛祖请走，刚走到西藏地界，他所带领的兵士全部莫名死去，只有他一个人得以生还。至今，他出事的地方还建有一个叫安多的俄博。

宝通大人自此立下规矩，村民在三、九月不得夯墙、盖房，不得安装大门、迎送嫁娶、送亡人，即便是阉猪、骟马也要避开三、九月。

河湟地区自古就是军事要地，自北宋起就大量修筑堡寨。古堡是河湟地区军事聚落演变的实例，也是土族最古老的聚居形式的缩影。

土观村传统民居群的中心地带就是古城堡，它的建筑年代据说可以追溯到清代。土观村古堡平面呈不规则形状，由黄土版筑而成，四面留有残墙。大门位于东侧，门柱用鹅卵石垒砌，其上镶嵌着一扇厚重的木门。

古堡东南就是始建于清代的上土观本康，内装宝瓶、佛像等，用于镇邪驱恶，保佑地方平安。村西的下土观寺也建于清代，则是典型的汉藏结合式建筑，主体结构基本采用汉族地区传统的木结构梁架，歇山顶式屋顶，但在细部装饰上，如转经轮、雷台和屋顶的鸦吻兽头等，仍突出藏式庙宇的特点。

张家村

【白塔附近有一个「白娘子」】

还记得“白娘子”的痴情吗？虽然是一条白蛇，却坚守着自己对爱情的忠贞。每看一次《白蛇传》，都会唏嘘不已。所以当听到互助县红崖子沟乡张家村白塔附近有一对白蛇和青蛇时，我首先就想到了“白娘子”。

这事确实有些怪异，受地理、气候影响，在青海蛇本来就是稀罕物，很少有人能看见。

张家村有一座白塔，是后人修建用来纪念佑宁寺一世章嘉活佛的。一世章嘉活佛的出生地就在这里。据村里老人讲，整个张家村周边都没有蛇出没，但一世章嘉活佛故居的白塔附近却一直盘踞着一对蛇，一白一青，很多村民都见过。这对蛇从不伤人，倒像是守护白塔的使者。近年来，由于一世章嘉活佛故居重修，这对蛇就很少能看到了。

作为一代转世活佛的诞生地，张家村自有很多神奇的地方。还未进入张家村，我就有一种强烈的预感：这个村子绝对不会让我们失望。

从平大公路向西拐入村道，穿过一片树林，跨过红崖子河，一座古朴大方的村门便映入眼帘。虽说是新建不久，但它古朴的建筑风格还是让人眼前一亮，尤其是村门前小桥两旁的护栏被涂抹出七彩之色，不禁让人感叹土族传统文化的绚烂。

走过那颇有年代感的石磨之后,就走进了一个远离现代化生活的世界。静寂的山村沉默不语，仅有几缕炊烟升起，偶有一位白发苍苍却精神抖擞的老人扛着锄头经过那些斑驳土墙构成的巷道。

张家村顾名思义，为张氏聚居地，以张姓为主，现张氏占村中总人口的99%。据《互助张氏宗谱》记载，张氏自明洪武年间，从南京竹丝巷充军至西宁东川曹家堡务农。明万历年间，张氏逐渐发展壮大，原有土地无法满足生活所需，随后搬至张家村。据村里老人介绍，一世章嘉活佛是在张氏族人迁至此地后的第二年出生的。

张家村每户都有一个占地七到八分地的方形院落,叫庄廓。四周是主房、次房、仓房等。庄廓四周的墙土夯而成，高约四米。传统土家的大门方向依山势而定，一般选择正前方最高大、最雄伟的大山。

一进三开是张家村民居的布局，正对门中间的房间称为堂屋，摆放着米柜、面柜等居家用品。旁边的两间用来会客、休息、吃饭等。在四方形的院子中，以朝东的房子为正屋，住着家里的长者或主人。土族传统民宅的墙壁用土夯成,看谁家的墙壁光滑,便可判断出家境好坏,因此这里有“汉人有钱盖房，土人有钱磨墙”的俗语。

主房建筑得非常精细，栋梁和门窗上雕刻或彩绘牛羊健壮、五谷丰登的花纹图案。院子正中立有嘛呢旗杆，是土族信仰藏传佛教的标志，杆上悬挂印有六字真言或平安经的蓝白布经幡，以辟邪除灾，保佑全家平安。每户庭院中央还设有一座四方宝瓶台，地下埋有宝瓶，上面靠主房的方向，设一尊香炉。中老年人逢农历初一、初八、十五的清晨，洗漱后点燃柏树叶、乳香等敬佛，香烟缭绕，满院飘香。

张家村似乎是一个被神话了的村落，独特的“口邦口邦会”就是村民们用来开展祭祀活动的。没有人能够说清张家村“口邦口邦会”具体的诞生年代，据说已经有500多年的历史了。

相传宋太祖赵匡胤不得势的时候，千里路上送过京娘。他们以兄妹相称，一路上同吃同住，京娘感激赵匡胤千里相送之恩，就要以身相许。谁知赵匡胤并非好色之人，把京娘送到家后连茶都没喝一口就走了，把人家一个如花似玉的黄花大姑娘给了个大没趣，京娘竟悬梁自尽，寻了短见。

后来赵匡胤当了皇帝，有了三宫六院，早把京娘忘了个一干二净。再说京娘阴魂不散，闹到了宫里，搞得三宫六院都不安宁，赵匡胤也是心惊肉跳，便下旨让武士镇邪。可是武士们镇守了三天三夜，根本没有效果。赵匡胤要给武士们降罪，一个武士知道是京娘阴魂不散，便启奏皇帝给京娘封赏以求平安。于是赵匡胤就封京娘为“金山圣母娘娘”，主管西北的风雪雨雹。从此，西北地区纷纷修建了金山圣母庙，俗称娘娘庙。每年春节还会举行一次娘娘庙会。庙会上由法师扮演武士，击打着单面扇形羊皮鼓，跳起武士的舞蹈。由于法师击鼓时发出“梆梆”的声响，老百姓就将庙会称为“口邦口邦会”。

置身张家村，它的宁静、传统民居以及空间布局会给人一种前所未有的安全感。

由于张氏世居曹家堡，迁至现今张家村后，修建民居时都要模仿城堡形式，村民称这种建筑为团城。先用石头砌成高 1.5 米，宽 0.4 米的墙体，再在石砌墙之上用夯土筑墙形成一个大城堡，城堡设二层岗楼，岗楼内部则是单户民居。这样，团城墙连墙，房连房，户户有暗道，不仅增加了村庄的美感，更是为村庄的集体防御做了充分的准备。

城堡内的民居建筑特别讲究防御性，岗楼、院门、暗道、暗门、死胡同等的设置在其他地方更是极难见到的。张家村巷道的格局看似杂乱无章，细看之后才能发现，这些巷道之间暗藏玄机，看似一条死胡同，其实是四通八达。走进张家村就如同进入了一个大迷宫，在没有村民带路的情况下，你只能来回穿梭于一条巷道之间。

“门当户对”这一说法，在张家村的现实生活中也可以得到印证。张家村民居在院门上方镶有两根方木，被称作门当，其作用是固定大门。在门负的两侧，各有两扇门板，被称作户对，其作用是显示主人家的生活条件，门当越粗，户对越宽，就越显示出主人的实力。因此，旧时媒婆上门提亲时都要先检查男女双方的门当与户对。

张家村民居大量使用木材和木工。在门板、窗棂、隔扇、桌柜等上面均要雕刻精美的图案。此外，因为土族信奉藏传佛教，大量的宗教元素也被融入到他们的建筑木雕中。由此，一批批木雕艺人也在张家村产生。

洪水泉村

【承载历史的记忆】

有一段时间特别喜欢看《大力水手》，危急时刻主人公总要吃菠菜，然后肌肉瞬间暴长，力大无穷，轻松搞定任何强大的对手。

在海东市平安区洪水泉村，就曾经有过这么一位大力士，他根本不用吃菠菜，一只手便能轻松举起两百斤的磨盘。

“你要问我们村上有哪些名人？有一个，他叫毛人阿爷！”走进洪水泉村，任何一位上了年纪的村民都会给你讲一个传奇故事。没人知道毛人阿爷的真实姓名，也没有人知道他到底出生在什么年代，只知道他是洪水泉村人。村民口中的毛人阿爷身材魁梧，全身毛发发达，因此被人称为“毛人”。毛人阿爷的主食并不是菠菜，而是有什么吃什么。“毛人一顿饭的口粮够常人吃一天。”这是村民对毛人阿爷食量惊人的形象描述。

魁梧的身材加上惊人的食量，造就了他的力大无穷，相传他能抱起一头驴，即便已经古稀之年的他也是村中力气最大的人。他力大无穷却从不恃强凌弱，他尊老爱幼、处事谦虚的态度赢得了村民的尊重，更为重要的是，他还常常用自己的力量守卫着生他养他的洪水泉村。

毛人阿爷的大力很是让人羡慕，同时也遭到了很多邻村人的妒忌。有一天不知是从哪儿来的三个人想要挑战毛人阿爷，到村口时正好碰到毛人阿爷，不知情况的三人便向他打听毛人阿爷的住所。虽说毛人阿爷长相有点儿鲁莽，但做事却特别细心，他看出三人不怀好意后，便顺手拿起地上的石磙，向三人指向自己的家。要知道一个石磙最少有两百斤，用一只手轻松地拿起，这是常人所无法做到的。再说那三个前来找茬的外地人，见毛人阿爷轻松拿起石磙，瞬间大惊失色，撒腿就跑。他们心想："一个普通的村民就能随便拿起石磙，更何况是毛人阿爷呢！"这仅仅是毛人阿爷的其中一个故事，关于更多毛人阿爷以力服人、保卫家园的传奇故事，还请你走进这个传统村落，放下心中的一切烦恼，安静地与围寺而居的老人们闲谈。

距平安区 30 公里的洪水泉村，虽历经风风雨雨，却正在讲述另一个时光的故事。那披带着历史风霜的一砖一瓦，和能听得到岁月回响的巷道，不仅凝聚着世代居住于此的人们的智慧和创造，还承载着历史和文化，寄托着乡愁和念想。

还未进入村庄，一座古老的清代建筑群调皮地蹿出薄雾跳入我们的眼帘。走进村庄，扑面而来的是浓浓的清朝古建筑艺术风格气息，飞檐至今风貌依旧，让人再一次感受到中国传统村落古朴的特色风情。

纵观洪水泉村，其地势中部高，四周低，由北向南依次分布有若干冲沟，形如鱼骨状，其中东部和西南部各有一条较大的沟壑，雨季易形成短暂的季节性河流。

洪水泉村是一个回族村，马姓居多，其次为周姓，马姓和周姓是村子的原住民。

随着深入探访，有一个事实让人惊奇，那就是洪水泉清真寺的名声远大于洪水泉村，俨然成为村落的代名词。

洪水泉仅一千三百余人，却拥有两座清真寺，其中一座便是闻名遐迩的洪水泉清真寺。洪水泉清真寺始建于明代，清乾隆年间由当地回族群众集资兴建修复，历时 13 年方竣工。先后经过 5 次修复扩建，建筑群占地 4500 余平方米，规划设计融合了汉、回、藏族等民族的建筑风格及特点，清真寺以罕有的建筑风格，高超的建造工艺和独特的建筑艺术价值，于 2013 年 5 月被列为全国重点文物保护单位。

洪水泉清真寺建筑不仅是各民族聪明智慧的结晶，还是民族团结的象征。关于洪水泉清真寺，阿訇马青林讲述了这样一段故事：习惯做生意的回族定居洪水泉山梁后，在当地形成了一处规模较大的农贸市场，其繁荣程度不言而喻。于是朝廷派员前来视察，在看到十几户回族夹杂在藏汉两族之间后，为了做好民族团结工作，计划在此修建一座清真寺，便起草奏折上

报朝廷。在获得朱允炆的同意后，洪水泉清真寺开始修建，为了体现三个民族的和谐共处，该寺特意融合了伊斯兰教、藏传佛教和道教的建筑风格，大殿前檐所雕象征皇权的龙凤图案也是皇帝特许雕刻的。更有力的一个佐证是，原来在大殿后窑殿圣龛左侧，曾竖立有一块高约一米二的牌匾，上书金光闪闪的“万岁万岁万万岁”七个大字，这是为了答谢皇恩而刻，此匾毁于 1958 年。

洪水泉清真寺正南边是一面长 10 米，高 6 米，厚 86 厘米的砖雕照壁，无论从哪个角度看，其精致程度都不是一般建筑前的照壁所能比拟的。照壁上整齐有序地雕刻着 255 朵形态各异、造型精美的花卉。牡丹、月季、芍药、梅花等千姿百态，以菱形四方联排列开来，远远望去，整个照壁花繁叶茂，栩栩如生，人称《百花图》。更为奇特的是，这些花朵下面还有焜锅馍、拉面、馓子等图案点缀。

按说，清真寺一般没有照壁，洪水泉清真寺不仅有，而且以这么奇特的文化景观呈现出来。原来，洪水泉清真寺的修建，先后动用了 300 名木匠、300 名瓦匠，在修建过程中，当地各族群众为他们做饭送饭，每天每家做的食物都不一样，于是工匠们便把这些食物样式都雕刻在了照壁上，以示各民族团结和睦。

洪水泉清真寺的墙壁都是用手工水磨砖砌成的，墙面光滑如镜面，相信苍蝇趴在上面也会打滑。墙壁的缝子细匀胜似线，当地人称之为“一炷香”。据老人们说，做砖缝的原料是糯米、冰糖水再加上其他原料配成的，黏性好、经久耐用。砖坯的土质和烧砖的技术也相当高，至今也没有出现腐蚀和裂缝现象。相传，主持修建寺院的陈掌柜，对整个工程的建造精益求精，在录用瓦工时条件也非常苛刻。有一次两个瓦工前来应聘，他便问两人：“你俩各自一天能磨几块砖？”前者爽快地答曰三块，而后者则有点儿自愧不如，答曰一块。陈掌柜听后便道：“我这里只要一天只磨一块砖的瓦匠。”其实，陈掌柜并非不懂用人之道，只是对他而言，“精工出细活”是他追求的建筑品质。

也许，这就是洪水泉清真寺声名远播的原因吧。

硝水泉

【消失在视线里的村落】

在距离海东市平安区不足三十公里的洪水泉山梁上，有一个百余户人家的小村——硝水泉村，它所在的山体被众多徒步者视为“天堂”，却没有几个人真正地走近过它；它毗邻大名鼎鼎的洪水泉清真寺，有着悠久的历史和扣人心弦的故事，却没有几个人了解过它。硝水泉是“孤独”的，但它却以这种“孤芳自赏”的气质赢得了人们的认可，被列入中国传统村落名录。

今天，我们就朝着硝水泉前进，揭开它的神秘面纱。

从平安区西行九公里，再向南行驶，一条蜿蜒的不断升高的柏油马路在我们面前铺开。道路两侧偶有青杨夹道，枝头撑起的绿色并不浓郁。越往前行，绿意越发稀疏。沿途所见，皆是山地与沟谷，不见一条水流。

想要找到硝水泉村并不是一件容易的事，它很会使用“隐身术”，如果没有当地人指引，根本无从寻找它的身影。这是硝水泉村所处“三沟四梁十面坡”的地理结构给人造成的错觉，如果你在山下或者下洪公路处，根本看不到硝水泉村的所在。这样的山体特性，将硝水泉层层包裹在大山深处。正因如此，很多徒步爱好者都无法抵达这里。

去硝水泉村，首先要到达洪水泉山脊，也只有在这山脊上，才隐约看到硝水泉村的存在。

硝水泉村属于典型的浅山地区地形地貌，地处湟水以南的黄土丘陵区，土壤以黄土为主，地势南高北低。硝水泉村周边的耕地依山势呈阶梯状分布于三条沟壑之间，千百年来基于谋生需求，开垦出赖以生存的梯田，这也是无意识中创造出的一种大地艺术。

硝水泉村民所谓的“三沟四梁十面坡”，是指在硝水泉村境内存在着众多的小山峰，而这些相拥相簇的小山峰形成了四道由南至北延伸的山梁。虽说山峰众多，给这四道梁命名却是一个不小的难题，村民们将从最南边到最北边的山峰，依次命名为狼娃台至阴坡山梁，大林顶至大黑林顶山梁，松树坡顶至杨家湾山梁，黑坡顶至圈毛顶山梁。两道山梁之间必然会产生一条沟壑，而每条山梁上会有两面山坡，于是硝水泉村的“三沟四梁十面坡”就这样叫开了。

虽然和洪水泉近在咫尺，名称上也像一对孪生兄弟，但硝水泉村实际上是一个汉族村。

硝水泉村的建筑群非常巧妙地利用山形地势，沿山坡和台地布置，形成鲜明的梯田式布局风格，使总体建筑群与自然环境有机结合。这里的民居建筑与河湟大多数民居一样，采用庄廓式，庄廓由高大的夯土围墙、厚实的大门组成四合院。

硝水泉村的三条大沟间隐藏有十几处泉眼，水流最大的就是位于上泉沟的硝水泉，这些泉汇集成一条条天然的水沟，因此，村里有“一泉成河”的说法。虽说硝水泉村有十几处泉眼，但也只能眼睁睁地看着，却无法饮用，因为人们发现，这些泉水所涌出的是硝水，对人体有一定伤害，不能长期饮用，村名也由此而来。

硝水泉村总能给人意外的惊喜，现在就有两个破旧的窑洞需要我们探险。窑洞内只有简单的客厅和卧室，门高 1.8 米，由于年代久远，内部土壤部分已经坍塌。以往的经验告诉我们，这绝对不是长期居住过的窑洞，只是临时居住而已。这里为什么会有窑洞的存在?

有人推测，窑洞的形成可能和躲避战乱有关，但在硝水泉村的历史上，只有在清同治年间回民反清这一次战乱，可是据村里的老人介绍，当时硝水泉村的村民都举家去了曹家堡躲避战乱。那么，答案到底在哪儿呢?

唐姓人家是硝水泉村的“土著”居民，唐氏先祖刚刚来到这里时，肯定没有住处，这就需要一个临时过渡的住所，依山挖洞是最简便的方法，于是便有了这两个年代久远的窑洞。由于硝水泉村深处大山，在历史上也成了天然的避难场所，迁移至此避难的人们不断前来，迁移户来到硝水泉后，同样也没有现成的房屋。于是，已经盖起土房的唐家人，就会将窑洞让给新迁户用来过渡，待房屋修建好后再迁出窑洞。就这样，一代代逃难的人在这里安起了家。这也是硝水泉村不易被人发现的原因。

虽然山大沟深，但硝水泉村人的意识却始终和外界保持高度一致，即便在封建社会的贞洁观上，也没有半点儿马虎。该村一户人家悬挂着一块刻有“节辉彤史”四个大字的牌匾，之前这块牌匾的作用就是案板。这块牌匾的主人原属于不知姓名的贞烈女，应该是民国三年政府赐予她的。清末时期，战火还是不大不小地烧到了硝水泉村，贞烈女的丈夫被歹人所杀，家人多次劝说贞烈女改嫁，但她却一心想着儿女，始终不曾改嫁，独自将五个儿女抚养长大。她的事迹被民国政府得知后，遂赐匾额，赞赏其名节。

既然是山村，肯定有山神庇护。硝水泉村的山神庙也称作娘娘庙，位于村庄西侧一平台之上，该地也是整个村庄建筑的最高处。在山神庙门前，屹立着一棵白杨树，据说是山神庙竣工后，当地村民为纪念庙宇建成而种下的。

每年的农历五月十三日,对硝水泉村的村民来说有着非常深远的含义，这一天一场以山神庙为中心的庙会在这里举行，平常外出务工的人们都会赶来参加。追溯硝水泉的五月十三庙会，自旧社会以来就是硝水泉村的传统庙会。有人说这一天是纪念关公关老爷诞辰的日子，也有人说五月十三日是关帝单刀赴会磨刀的日子。

十字村

【到底是谁的大十字】

前往乐都区芦花乡十字村，就必须先翻过九架山。

其实一路上到底经过了多少架山，还真没留意，反正全是山路。公路似乎是挂在山梁间的一条丝带，随意弯曲成任意形状，脚下便是万丈沟壑，让人看得胆战心惊。

抵达十字村仍没走出大山的包围，而十字村似乎努力想要挣脱乐都下北山的重重屏障，将村落高举在碾线岭上。碾线岭由北向南绵绵延伸，岭下东西两侧的大沙沟和东岭沟向北一直汇入羊肠沟，然后再向南，最终奔向湟水河的怀抱。

碾线岭也像一个随性的智者，25 公里的身躯随意扭动，恰如捻好的线弯弯曲曲。如果从空中俯瞰整个乐都下北山，它犹如一条盘踞云端的巨龙，碾线岭则处于这条巨龙后端的爪部位置，而十字村又恰好在这条巨龙脚的位置上。由于村庄高居岭上，因此视野比较开阔，站在村子最大的十字路口环顾四周，周边山脉、沟壑一览无余。

形成于明代的十字村 90% 的人均为李氏，但他们的祖先却在大唐。

公元 880 年，黄巢起义大军以破竹之势攻陷长安。当时，西羌党项首领拓跋思恭还是宥州（今内蒙古自治区鄂托克旗）刺史，奉命带领党项兵千里赴难。唐中和三年四月，拓跋思恭和沙陀李克用同时从黄巢起义军手中夺回长安城，同年七月，拓跋思恭被封为夏国公，并赐李姓，拜夏州节度使。

改称李思恭后，其后人世袭夏国公，成为当地的藩镇势力。1227 年，西夏灭亡，李思恭后裔征战到西宁一带，从此李家后人定居青海。明初，其后裔李南哥因战功被委任都指挥佥事，并被封为土司，府衙坐落在民和享堂。

李南哥之后，李土司一脉分出东李土司和西李土司，四代之后又分出小李土司。此后，由于李氏家族不断壮大，原本的土地无法满足人们的生活需求，人们不得不寻找到更多的耕地继续生活，便迁至碾线岭定居，从此逐步形成村落。

这个说法似乎有些牵强，最起码不能令人完全信服。逐水而居是数千年来先民们的不二选择，十字村却为什么建在高高的山顶？这样，交通不便，吃水也很困难，走个亲戚都要翻山越岭，沟壑很深，还长有荨麻草，一路上要睁大眼睛躲着。冬天渴了砸冰当冰棍吃，夏天渴了就吃酸杏子。这是不少村民的儿时回忆。

看来，十字村还另有玄机。

因为依山坡而建，十字村的民居建筑非常独特：院落三面墙，灶旁有窖，草房无门，炕上放柜。十字村的民居均靠土崖修建，因此院落庄廓的墙只有三面。厨房一般紧靠土崖修建，这样就为灶旁打窖提供了有利条件。十字村的草房一般设在门道处，用简单的工序以夯土筑成一堵墙面，再在墙面上挖一个仅能通过一人的小洞做门。而在十字村的土炕头都立有一个木柜，存放被子和衣物。十字村的民居大多建于 20 世纪 40 年代，也有历史 100 多年的民居，建筑风格融合了土族木雕工艺，檐口等雕刻虽不是特别精湛，却多与藏传佛教有关，多是一些吉祥花纹图案。

碾线岭庙的出现给了我们一些重要信息。这是十字村风格最为明显的建筑之一，因为它使用了大量的砖瓦。庙宇雕梁画栋，建筑非常精美，并且砖饰有别于其他砖雕，先用泥土捏成花朵、神兽等雏形，再经过瓦窑高温煅烧定型后镶嵌于墙面之上。

作为一个山巅上的传统古村落，砖瓦自然是珍贵的东西，因此多数村民家都是土坯房。80 年前为了重修庙宇，十字村建起了自己的砖瓦厂，这就有了瓦窑沟和车路湾的出现。

顾名思义，瓦窑沟就是当年生产砖瓦的地方，车路湾则是运输砖瓦的道路。如今，它们成了十字村的两个地名。

因为这里地势较低，寒风被挡在山梁上，瓦窑沟的气温明显要比村子高很多，村落理应选在这里。但事实是，要想从如此深的沟里走出去，也绝非易事，远不如山顶的路好走，这也许就是十字村建在碾线岭上的原因吧。

十字村还有一个在青海非常罕见的窑洞。翻过一道山梁，突然发现十多米高的黄土峭壁上张开着无数个洞口，有的只有烟囱般大小，而有的却可以容一人弯腰进入。不过，要想抵达洞口只能沿着峭壁攀岩而上，这无疑是一种冒险行为。看来，这不是一个普通的用于居住的窑洞，任何一个正常人都不会抛弃便利住到峭壁上。

窑洞有简易厨房、卧室、客厅以及储物间的明显区分。洞内空气流通不畅，聪明的挖窑人也考虑到了这一点，他们在临近峭壁的一侧，掏出一些小洞，在增加洞内光线的同时，也为洞内空气流通提供了条件。

不少村民认为，这个窑洞应该是他们的先人躲避什么时的临时住所，峭壁上的一个个小洞还有一个强大的功能，那就是用于防御的枪眼。

十字村还有一棵神奇的千年古树。2003 年，青海省林业勘察设计院测定结果显示，该树为唐宋时期生长，至今已有 1000 多年历史，树高 12 米，胸径 83 厘米。肉眼可见树干部分腐朽为空洞，并有燃烧的痕迹。原来，这棵古树在 2002 年夏季时突然莫名其妙着了火，并且是树干内部着了火，村民们赶紧用斧头将树干砍出一个豁口，再将水灌入树洞中。经过近两小时的扑救，火势终于被扑灭。古树虽然遭受了致命的创伤，但如今依然枝繁叶茂，到秋季还会结出黄豆大的果实。

关于碾线岭庙，还有一个神话传说：相传明朝大将军刘占军文韬武略，为朝廷屡建奇功，深得皇帝器重。有一次皇帝出征，可是一条大河却拦住了去路。皇帝差遣一位大将去查看大河之上有没有桥，大军能否渡河，可

是这位大将查看的结果是没有桥，大军不能渡河。发兵心切的皇帝得知这一消息后恼羞成怒，于是处死了这位将军。之后皇帝又派另一位将军去查看，结果与前面那位将军一样。皇帝又派刘占军前去查看，他其实也没有看到桥，为了能多活一会儿，便谎称河上有桥，大军能顺利通过。

待皇帝带兵来到大河边，果然看到有一座桥梁连接到大河对面。大军过后，刘占军怎么也想不明白，刚才明明看到没有桥，现在怎么突然冒出座桥来！真是好奇害死猫，他拿起手中的矛捅到桥面上，想探个究竟。结果这一矛下去才发现桥面软绵绵地向下弯去，瞬间变身为一青一黄两条巨龙潜入河中，把刘占军也抛到了河中……皇帝凯旋归来，得知刘占军一事后，便赐他为金龙大王，让后世供奉。据说碾线岭庙供奉的就是刘占军，庙前的那个饮马圈则是刘占军生前饮马所用。

昆仑村【莲花池里的昆仑道观】

一个村落既然敢用“昆仑”来命名，那肯定有它不同凡响之处。果不其然，我们在乐都区马营乡昆仑村，第一眼就看到了那座富丽堂皇的建筑群鹤立鸡群般静卧在一个山冈上，和附近的村落形成极大反差，那就是吸引无数信徒、游客纷至沓来的昆仑古道观。

道教是中国土生土长的教派，昆仑山是道教的圣地，至今海外华人每年都会前往昆仑山朝拜。然而，在这个看似偏远的山区，怎么会和“昆仑”二字扯上了关系，并形成这么大规模的道观？

昆仑道观四周群山环抱，似一朵大莲花，被人们称作莲花池。相传，清朝后期，当地有一位大绅士姓陈名世家，人们称之为陈大老爷。一天陈大老爷路过此地，看到三位老人满头银发，长长的胡须。他们盘腿而坐，三人中间支着一口三石一顶锅，炊烟缭绕，谈笑风声。三位老人见到陈大老爷，便问他们坐的地方是谁家地块，能否在此开坛。陈大老爷回答说没问题，这地就是咱家的。听完这话，三位老人一转眼消失得无影无踪，地面上也没留下任何痕迹，陈大老爷自知是遇到了神仙。

这事越传越远，越传越邪乎。1900 年，甘肃省永登县玄阳真人胡至真和正阳真人张理清（人称张尕爷），二人携手来此，与陈世家商议，打算在此地修建道观。张尕爷为坛主，负责修建道观，前后历经 14 年建成了“昆仑山万圣宫”，从南至北一共五个院落，依次为排房、山门楼、观音殿、三清殿、玉皇阁，还有左钟楼、右鼓楼、配殿、廊房等。建筑群殿宇阁楼均为砖木结构，雕梁画栋，刻有飞禽走兽，形象逼真，栩栩如生，十分精美。从此，昆仑道观香火鼎盛，每年农历三月初一至初三还在这里举行蟠桃盛会，甘青两省的信教群众及香客不辞辛苦，徒步行程上千里，专门来此进香朝拜，也成为一处远近闻名的旅游观光胜境。观内也会举行盛大的诵经法会，开坛降岚，所以最初道观名曰岚坛庙。后因昆仑山是道教文化中的名山，故改名为昆仑道观。

昆仑村北邻北坪村，南连龙王岗村，东面龙藏岭上岭与西边阳山将村子分割为南北长、东西狭窄的峡谷地，龙王沟自北向南贯穿整个村庄。

龙王沟途经昆仑村只有五公里的行程，却有四口泉眼，人们根据泉眼的位置以及泉水流量的大小，给这四口泉眼分别命名为下沟泉、小泉、昆仑泉、上泉。在自来水没有入户之前，这些泉水就是全村人赖以生存的水源。直至今日，在遇到自来水管被冻或其他原因导致自来水供水不足的情况时，泉眼依然是人们生活用水的首选。因此，村民对泉眼也是保护有加，在每个泉眼处都搭了简易的木棚。

据当地老人介绍，龙王沟以前有七口水流湍急的泉眼，直到20世纪80年代，三口泉眼才慢慢枯竭。相传，龙王沟里有龙王居住，而龙王沟东侧的山岭就是葬龙的地方，故称龙葬岭，后因龙葬岭居住的多为藏族群众，后改为龙藏岭。

昆仑村虽然只有185户人家，但姓氏却有20余个，民族有汉、土、藏、蒙古族，是多民族、多姓氏杂居地。据村中老人讲，昆仑村的村民大多为“过路人”，即从外地搬迁而来的人。在昆仑道观还未修建时，这里大多数土地为荒草滩，只有孔家嘴一带有耕地，而这些耕地都为姜洞村陈老爷所有。甘肃天祝的马尕斋、乐都碾伯冷氏、乐都水峡何氏以及甘肃兰州赵氏，因在原住地犯事或土地不足，后迁至该地或放牧，或当长工种地。昆仑道观开始修建后，其他地方的工匠也纷纷前来此地以修建道观谋生，逐渐形成了三个自然村。直至现在，昆仑村还有许多传统建筑手艺人。

“过路人”刚到昆仑村时，一穷二白，别说土地，连住的地方都没有，穷则思变，他们纷纷盯上了村子西边的阳山，随便挖一个窑洞居住。目前，在阳山庄廓后面仍有窑洞的遗迹，不过如今早已变成库房和草房。

每年农历六月中旬，乐都北山有跑马风俗的地区都是人山人海，热闹非凡，从附近乡镇赶来的群众云集山顶开阔处，争睹一年一度北山跑马会的盛况。相传，北山跑马会源自唐朝。文成公主进藏时路过乐都境内，受到当地群众的热烈欢迎。为答谢当地群众，在她的倡导下，举办了跑马大赛，后该习俗一直流传至今，到清朝年间达到鼎盛。

昆仑村曾是北山跑马的赛场之一，起点设在村子最南端的昆仑道观，终点则在最北端的北坪村，后因昆仑村北高南低的地理特征让赛马体力不足，这一赛场最后被人们放弃了。

龙王岗

“龙头”上的村庄

乐都区马营乡龙王岗村注定和龙有关，不仅村名中有“龙”，村民活动中还将虚无缥缈的龙变成了“活龙”。难道这里真的曾经有过龙的存在?

要想搞清楚这个问题，要么我们就得长出一双翅膀，要么坐上直升飞机在乐都北山上空盘旋一阵。不过还有一个捷径，就是看卫星地图，虽然不够直观，但我们还是一眼就看出来了，原来乐都北山整条山脉就像一条巨龙，龙王岗村所处的位置就在这条龙的头上。龙王岗的名字也许就因此而来。

龙王岗村周边有关龙的“遗迹”还有不少，村落东面就是龙藏岭的下岭，这个山岭和西塔洼岭一起，将村落紧抱在怀里，两个山岭的夹沟自北向南贯穿整个村庄。

龙王岗村分四个社，各个社沿夹沟、马刺岭和西塔洼岭散落分布，民居大多依山而建，部分位于洼地平整处，房屋甚至无法和山坡区分开来。一社位于村子西侧的西塔洼岭上，相传，以前该岭的一处洼地上有一座宏伟的白塔，故称塔洼；四社位于村子东部的马刺岭上，因该岭是以前举行赛马会的起点，因此称为马起岭，由于乐都北山地区“刺”和“起”的发音相同，均为“cì”，再加上该岭遍布“猫儿刺”（当地的一种灌木），因此在长期的书写过程中改为马刺岭。

拱檩悬牵、平房踏牵以及对儿木大房为龙王岗村民居的主要特点，装饰一般为木雕。村中大多数房屋为20世纪40年代修建，至今无太多修缮，村中还完整地保留着一座清末时期的二层木楼。

龙王岗村的地窖很有个性，均为平窨（如窑洞般横向进入），一般设在巷道两侧的梯田底下，这样在方便储藏土豆等农作物的同时，还便于取出。平窨内设支道以及排气孔，整个平窨形状犹如盘旋的巨龙，因此被村民称为“龙道”。在村民李文善家的厨房内，至今仍有高约1.8米，深500米的地道从厨房通往塔洼山腰。据说支道可通往邻居家的地窖，现支道门已被土块堵住，出口也已坍塌。

龙王岗村为多姓氏村，据村中老人介绍，龙王岗村陈氏和王氏为当地坐地户（最早生活在这里的人），其余姓氏均为“过路人”（后搬迁至此的人）。但村中陈氏家谱已被陈氏后人带走，只有王氏家谱尚有保存。据《王氏宗谱》记载，王氏祖籍甘肃省红古区王家口子，于道光十年（1830年）迁至龙王岗。后因该地土地肥沃、深居大山，前来耕地、避难的人越来越多，逐渐形成了四个自然村。

龙王岗村有一个最大的公共建筑——龙王岗庙，它坐北朝南，占地两亩，由照壁、山门、大殿、廊房和戏台构成。东边保留着三间光绪年间修建的大殿，西边是2000年修建的戏台，北边则是新建大殿。每年农历二月二，就会在庙内举行青海少见的龙抬头活动。

在青海，农历二月初二又叫龙抬头日，亦称春龙节。大约从唐朝开始，中国人就有过二月二的习俗。而在龙王岗村，龙抬头的这种习俗尤为独特，在海东及至青海都实为少见。在龙王岗有“宁愿不耍社火，也要龙抬头”的说法，足见二月二龙抬头活动对龙王岗村的重要性。

龙王岗村的龙抬头活动与其他地方的舞龙不同，龙王岗舞的是“活龙”，而其他地方舞的为“死龙”。“活龙”和“死龙”实际上是从精神层面区分的，“活龙”要请回来纳香进贡，活动结束后还要送龙神，而“死龙”则没有请送龙神的环节。

每年农历二月初二，村中先要请龙神，之后将龙头与龙身连接好，就开始舞龙，舞龙的意图是以此求得村民幸福、安康和吉祥，待活动结束后，还要烧香打鼓送龙王。

相传，随着迁入龙王岗的居民越来越多，村中就有人提议搞一个既能团结村民，还能保佑村子的活动。正在村民们讨论到底是舞狮还是舞龙的时候，一位南方口音的老者便提议：“村子名为龙王岗，就舞龙吧。”这个提议得到了全村人的同意，接着老者又问，“是舞‘活龙’呢，还是要舞‘死龙’？”村民们认为既然要舞龙就舞“活龙”，舞“死龙”没意思。正当村民刚决定好，老者便消失得无影无踪。村民顿时醒悟，此乃神仙专来此点化。

从此，在海东地区难得一见的二月二龙抬头活动便在这个村子盛行开来，而龙王岗村也与龙结下了更深的缘分。

黄麻村

【寻找一支来自西藏的神箭】

太阳还没有升起，一匹白马就已飞驰而来，卷起的尘土足有一丈高，朦胧中看到马背上还有一个用僧袍裹住脸部的僧人，当时化隆县扎巴镇黄麻村的村民们，还不知道这个僧人就是拉隆·贝吉多杰，不知道他对藏传佛教带来的深远影响，也不知道这个古老的村落此后就和他结了缘分。

此前，西藏拉萨发生了一件惊天动地的大事，吐蕃最高统帅，即赞普朗达玛被人一箭射杀，位列莲花生大士二十五位高徒中第二十三位的拉隆·贝吉多杰，就是那个被通缉的人，但他早已骑着白马来到了青海。

从拉隆·贝吉多杰的成长经历来看，他绝非一般人物。出生在西藏如日扎堆贡茂齐的拉隆·贝吉多杰，俗名达尼桑，青年时为守卫印藏边界而去当兵，并学会了武术，最擅长的就是骑射。

“武林高手”达尼桑退役后便遁入佛门，拜班钦·布玛拉米扎为师，赐法号贝吉多杰（意为吉祥金刚）。此后，机缘巧合，莲花生大士应邀来到吐蕃后，收贝吉多杰为徒。他很快在莲花生大士那里学会了墙壁、岩壁无碍之神通。因他长期在叶尔巴岩洞和拉隆地方修习密宗法而被人们尊称为拉隆·贝吉多杰。

正当拉隆·贝吉多杰专心致志修法之时，吐蕃赞普朗达玛开始了大规模禁佛灭法。一天深夜，拉隆·贝吉多杰正睡得迷迷糊糊，突然看到一个气质不凡的妇女走到跟前说：“我是大昭寺的护法神吉祥天女，当今吐蕃学法的僧人甚多，但真正修有成就的只有你一人，朗达玛禁佛灭法，天怒人怨，解脱他的时机已到，你赶快动身，我将会暗中助你。”猛然惊醒后，拉隆·贝吉多杰还是犹豫再三，自己毕竟是一名僧人，对赞普还有大悲恻隐之心。但为了维护佛教的发展，拉隆·贝吉多杰还是义无反顾地出发了。

拉隆·贝吉多杰找来一匹白马，用焦炭把白马涂成黑马，同时准备了一件外黑里白的披风和一顶外黑里白的帽子，把自己的脸也涂黑，怀藏弓箭暗器，骑马前往拉萨。一切仿佛冥冥中都有安排，到拉萨后拉隆·贝吉多杰很容易就找到了正在大昭寺前观看唐蕃会盟碑文的朗达玛。于是拉隆·贝吉多杰来到赞普面前，佯装向王顶礼的样子，突然从袖中抽出弓箭，行第一礼时搭箭在弦，行第二礼时开弓，行第三礼时将箭射向了朗达玛，然后骑上马飞奔而去。

朗达玛双手拔出箭，顿时流血身亡。大臣们派骑兵四下追捕刺客，这时追兵看见四个骑黑马的黑衣黑帽人士向四路逃去，卫兵便分四路追杀。

其实,其他三位黑衣人士是吉祥天女护法神的化身,将追兵引开了。拉隆·贝吉多杰趁乱将衣帽翻过来穿戴,渡拉萨河时染黑的马和脸被河水冲洗干净,完全变成了白马白衣白帽人士,以此躲过了追兵。

不仅拉萨待不下去了,西藏也成了不可久留之地。于是,拉隆·贝吉多杰骑着白马翻山越岭,历经千辛万苦来到安多地区。最初在青海尖扎的洛多杰扎(金刚岩洞)的岩洞中隐身修行,忏悔杀人之罪过。他将刺杀赞普朗达玛的弓箭放在了洞前的草坪上,后人在这里修建了智合寺,还建起了万佛塔,也就是今天所说的藏弓殿。

此后不久,拉隆·贝吉多杰听说西藏三贤哲在距此不远的阿琼南宗修法,遂来南宗会晤,为了纪念这历史性的会晤,后人在他们会面的山峰上堆起六字明咒的嘛呢石,栽了三棵松树,现在已长成参天大树。会面后不久,拉隆·贝吉多杰到南宗峰西约一华里的阿峰山顶的夏玛隆洞中潜身修行,暗中保护三贤哲,后来又到孟达天池东日山下的岩洞中静修直至仙逝。

那么,黄麻村又是怎么和藏传佛教后弘期英雄人物拉隆·贝吉多杰联系上的呢?原来,为了纪念这位英雄的壮举,青海东部藏区群众每年都会举行大大小小的射箭比赛,但黄麻村有一个特别的地方,那就是村民们不仅热衷于射箭比赛,还学会了铸箭技术,黄麻村生产的箭远近闻名。

黄麻村地处藏传佛教后弘期发祥地核心区,整村建筑排布呈现出庙宇式的特征,嘛呢经院、三合院式的普通民居建筑群交相辉映,具有“小集中、大分散”的特点。

考古发现,早在3000多年前,相当于我国中原的西周时期,黄麻村

就有人类活动的痕迹。周秦时，古羌部落主要的活动点在大小榆谷，黄麻村就处在大小榆谷的地理区域内。

我国的古村落遗址大多坐落在河谷阶地上，黄麻村也不例外，主要是考虑到水源和地形，黄麻村属高原沟谷地带，靠半坡河阶，平坝缓坡集中，河滩的塄坡已开垦为耕地，其地势北高南低，呈现阶梯状。因灌溉水源不足，地表植被差，农田、村庄多呈带状或点状。

黄麻村民居最具特色的便是“连锅炕”，锅灶和暖炕通连，灶与炕毗连部分用木制平台隔开。做饭煮茶时，烟火穿炕而过，做饭、暖炕一举两得。村里原来有一座密咒院，始建于宋末元初，是黄麻村宁玛派的在家修行人开展宁玛法会的地方，后来受到格鲁派以及其他教派的影响，转为嘛呢康。

南滩村

【枕着青沙山臂弯入睡】

从西宁出发，无论去黄南还是去化隆，都要翻越青沙山，那是一段极其漫长的道路。这种漫长并非传统意义上的距离漫长，而是因道路艰险造成的时间上的漫长。青沙山上常年大雾，即便夏季也会偶尔飘起雪花，甚至会有鸡蛋大的冰雹迎面砸来，盘山公路如同挂在山崖边，让人不寒而栗。不过，这种漫长如今已经成为历史，青沙山隧道给了我们时空穿越的感觉，而出了隧道口，就能将南滩村一览无余。

化隆县扎巴乡南滩村就像一个熟睡的婴儿，在青沙山母亲的怀抱里酣睡。探访南滩村，最好仍旧走青沙山的盘山公路。青沙山是昆仑山余脉，昆仑山这座中国第一龙脉，在距离主峰数千公里之外不小心甩了一下尾巴，造就了青沙山的瑰丽。青沙山横亘在海东市平安和化隆之间，山峰海拔约 3037 米，是西宁至化隆、坎布拉国家地质公园、循化、黄南的必经之路，也是湟水谷地和黄河谷地的分界线。高速公路贯通后，为了车辆安全，青沙山的盘山公路逐渐被高速公路所替代。如果是游客，最好翻越青沙山的盘山公路，沿途的自然风光会令人流连忘返，让人沉醉于大自然的奇妙中。

南滩村的存在本身就是一个奇迹，它位于青沙山西南麓，所在位置为脑山地区，村落依平缓山势而建，背靠和前望青沙山，被青沙山环抱。从高处看，整个村落被掩映在密集的树林中，偶尔露出的土墙，和树木的绿形成互补色，让整个村落仿佛走进了画中。

由于南滩村也是一个“移民村”，是不同年代不同地区的人逐步移民而成，南滩村最早形成于清朝晚期，当时只有 24 户人家从群科古城搬迁至此，开始开荒，后逐步有从不同地区搬迁而来的人加入，村子不断扩大。因此，村落没有统一布局，但村中庄廓保存完好，为典型的河湟庄廓院。

村中间由山上融水冲刷形成的沟谷隔开，村子依沟谷而建，有一条由雪山融水冲刷而成的沟谷，将村庄分为阴阳两极，基本呈对称形，村子前沿探向谷底，但又不深入谷底。村子周围沟谷纵横，成为天然的排水系统，从村子选址的科学性来看，有效地规避了山洪暴发对村子的威胁。村里水沟内有青沙山冰雪融化的溪水长年流淌，最终注入黄河。

“高打的庄廓十八板，不高了再加上两板。”河湟地区庄廓院的院墙一般以十八板为高，耐人寻味的是，南滩村的土夯墙却是二十五六板，一般打够十八板后要过上一段时间，等坐实了再打七八板。之后，再将墙根掏掉部分土，把就地取材的山石干砌进去，所以有的庄廓院的院墙高达四五米。所以南滩村的庄廓院给人高大、结实、挺拔的感觉。据村民讲，过去青沙山经常有匪患，这种高墙有一定的防御功能。时间给这些高墙大院烙上了历史的印痕，如今院墙上早已长满了青苔，给人一种庭院深深的神秘感，又让人感觉仿佛置身于城堡中。

高高的院墙，以及院内无处不在的木雕花纹，屋内的陈设家具、庭院花草等，和谐地映衬出一个质朴自然、实用美观的南滩村河湟庄廓院。和其他地方主房向阳而建不同的是，南滩村很多院落的主房方位向东，一般三间为一套，从中间一门进去为堂屋，摆放着传统的面柜、钱柜、米柜等，柜上有祭神、祭祖的牌位，还有存放重要物件的传统物件匣子、皮箱等，墙上挂着祖训字画。左右两边的房间是客房或居室。院内其他房间依次为居室、厨房、粮房、牛圈等。院内也有着浓浓的河湟文化积淀，南滩村家家户户堂屋里的柜子上都雕有图案，每幅图案都有一定的象征意义，寄托着村民的美好向往，比如梅花枝头的喜鹊，意思是喜上眉梢；无处不在的蝙蝠纹饰，象征着福气临门；门头上昂首的龙和飞舞的凤凰则是龙凤呈祥；堂屋中一般挂有松树和仙鹤搭配的字画，意味着松鹤延年。此外，南滩村村民家中很多家具上都绘有牡丹、荷花等纹饰，反映了村民祈求生活幸福、和美的美好憧憬。

南滩村口山坡上有一座规模不大的藏式白塔，石砌方形塔基，塔身为砖砌圆形，由十三重相轮和塔顶组成。村中老人说，因村口呈喇叭口直冲马路，因此建造这座塔的目的就是要挡住邪气。

怎么？在南滩村还没玩够？那就继续前行 23 公里，去领略夏琼寺的风姿。夏琼寺始建于元至正九年（1349 年），是藏传佛教格鲁派创始人宗喀巴学习、出家之地，为青海最古老的藏传佛教寺院之一。夏琼，本为藏语，意即大鹏。夏琼寺所在的山势如展翅欲飞的大鹏，雄踞黄河北岸，远眺千山万壑，左倚尕吾山，右靠多尔福山，后托八宝山，从南向北远望，寺院恰好在大鹏右肩。

为什么在探访一个村子时把大家带到了夏琼寺？因为这是一座了不起的寺院，该寺第一批经师先后充当过七世、八世达赖，九世班禅和三世章嘉活佛的经师，1788 年乾隆皇帝亲自赐名法净寺，并敕赐汉、藏、蒙、满四种文匾一幅，上题金字“大乘兴盛地”。所以三世、七世、十三世达赖喇嘛曾捐金数千两修饰了该寺殿堂，使该寺更加金碧辉煌，光彩四溢。如今，十一个殿堂构成了一处汉藏艺术风格相结合的古建筑群，整体建筑庄严大方，雄伟壮观，布局井然，气势磅礴。

塔加村

【大山深处的百年藏庄】

塔加村，一个近乎完美的村落，一个藏在白云深处的百年藏庄。

从平安出发，总感觉到塔加村的遥远，一路上大山纵横，红色或者褐色的岩土从眼前掠过，一棵棵杨树也在向车后奔跑。远处一座山峰被白雪覆盖，翻过一个又一个山头，仍不见塔加村的影子。这个距离化隆县城还有 80 公里的村落到底藏在哪里？

其实，历史上的塔加藏族村和人们的距离非常近，因为著名的丝绸南道，即青海道就从这里通过。塔加村东侧不远处就是赫赫有名的大河家，丝绸南道上的商队，还有大小官员们，他们从古津渡口进入青海，在官亭驿站歇脚后往塔加村而来，然后再踏上西行道路。

历史在塔加村留下诸多斑驳的记忆，塔加人自称是 1000 多年前吐蕃军队的后裔。当年，先祖阿米仁青加作为吐蕃大将，绕道今新疆地区，赶着 500 峰骆驼，浩浩荡荡开到现在的塔加地区驻守，从此扎根这里生儿育女，繁衍生息。

塔加村是现在为数不多的保存相对完整的传统村落之一。走进塔加村，你的这种感觉会更加强烈，甚至会让你震撼。

塔加村无疑是一个缩小版的山城，村庄依山而建，呈梯状递升，民居错落有致，选址讲究，当地人称之为布达拉式建筑风格。村庄内有藏传佛教寺院、嘛呢康以及大量民居建筑，巷道众多，多以石板、石子铺就。远观整个村庄呈扇形环山而居，庄廓形状有圆有方，依地势而建，格局紧凑。从底下看层层而上，节节攀升，颇为壮观，是典型的藏地建筑群。村里有一棵近三百年的古树，三条河流，泉眼数十处。最为著名的是名为“霞曲”和“宇曲”的两处泉眼。

塔加村分为一村和二村，保存相对完好的民居有近 20 座，据说有的已经历经数百年，村民家门口雕刻精细上书“马头兴旺”的拴马桩，似乎可见当年门庭若市的热闹景象。院墙为全石墙，墙内房屋为二层木楼，呈四合院式，上层住人，下层为牲畜圈和杂用房。传统房屋窗户较小，这与当地历史上的早期防御功能有关，楼顶为平顶，供瞭望、晾晒东西之用。如今也有村民对房屋进行了改造，对传统民居窗户狭小、采光欠佳的缺陷做了修整，将窗户放大，把“连锅炕”的位置从房屋最里面移至靠窗位置，这种大胆的改造，不但保持了传统建筑模式，而且很好地解决了房屋的采光问题。

“塔加干木奏”是塔加村人引以为傲的一项石砌技艺，意为不用泥或者沙，直接干砌房屋外墙。村民说，所谓“一石九面”，即无论石块大小、形状各异，均可顺手而砌，一气呵成。内外墙最后的建筑工序就是糊泥巴，并将墙面磨平。塔加地区的院墙通常撒有白灰，据当地人说每年10月25日前就要往墙面撒灰，其意为纪念宗喀巴大师，这也成为村子独特的风景线。

塔加古来就是军事要塞，据当地老人讲述，150多年前，化隆地方土匪横行，曾有马垣地区土匪欲攻打塔加，抢夺地盘，当时塔加人并不知情，后有一个马垣“许乎”（意为与塔加藏族关系甚好的异族朋友）连夜赶到塔加通知当地人。塔加人得到消息后，一方面立即组织民兵，妇孺皆兵；一方面向山神阿米亚龙祭祀祈祷。第二日，马垣土匪兵至塔加东面的“朵洞卡”（站在此山上可将塔加尽收眼底），土匪首领从简易望远镜中向下一看，出现幻觉：山下乱石瞬间变成无数兵马，浩浩荡荡，顿时长叹“塔加这个锅底看样子是吃不到饭了”，气势尽扫。当时，塔加就连妇女们也拔出方鼎幡旗杆为武器，全民皆兵驻守村寨。塔加村民枪法极好，土枪发发中头，经过英勇抗击，土匪大败，仓皇逃窜，塔加保卫战最终以塔加村民大胜而告终。此后也发生过多次战事，塔加人民筑石墙，垒工事，与土匪交战多次。

塔加村的故事远不止这些，据说塔加“正过措哇松”（三部落）原为革哑千户管辖，因多年向革哑千户缴纳赋税，就连娶个媳妇也要上税，村民们不堪重负，遂向兰州总督上访上告，当时塔加人为上访者准备了够用两年的银两，带领驮队前往兰州，经过多次上访，最终兰州总督接受塔加上访并裁定塔加方胜诉，允许其自治，并有一纸上盖兰州总督大印官文一封“兰宗谭华”（谭华是藏语，意为章子，此文当地人称为机密文件），其内容便为塔加先祖从后藏迁来此地的历史，“正过措哇松”（三部落）详细地界划分以及塔加地区面积地界等文字，同意塔加往后每年可向巴燕衙门纳税。此后塔加“正过措哇松”（三部落）每年都要轮流在三个部落选举一个人为“措哇措红”（即头人），后为保长，每年大年初三这一天组织“正过措哇松”（三部落）德高望重的老人和年轻人聚集在一起，由“措红”郑重其事地宣读“兰宗谭华”，并向大家汇报“正过措哇松”过去一年的村务村事，商量下一年重要事项。“兰宗谭华”作为塔加机密文件只有在这个日子才能打开并宣读，而这个日子被称之为“兰宗朵木”（朵木意为盛宴）。

“兰宗朵木”活动无形中成为塔加人传承村落历史的重要平台，塔加人目前讲述的所有关于村落的历史均从这个多年传承的活动中得知。这个对塔加历史至关重要的“兰宗朵木”1949年后每年都如期举行，遗憾的是，在“四清”运动时，据说保长轮到现塔加村人时，因为害怕因“兰宗谭华”而受牵连，被迫销毁了文件。现今老人口传村落历史都以此为证。

很快，塔加村西侧的阿米尤合郎山出现在我们的视野里，这是塔加村村民的主供神山，自然有着不一样的传奇故事。传说阿米尤合郎原为塔加村先祖卫藏阿米仁青加的护卫长，名叫扎西多旦，他英勇神武，战功赫赫，去世后被封为地方山神名曰阿米尤合郎。该山神坐骑为青色黑鬃牦牛，右手持一长矛，左手端喷焰摩尼，腰垂弓，背负箭，头顶金冠，身着金色铠甲，背插五彩旗帜。塔加村村民每年都要祭祀山神，据说阿米尤合郎对塔加地区异常护佑，灵验至极，该村寺院塔加寺殿堂有泥塑阿米尤合郎山神塑像一尊，供信众膜拜。

塔加村的背后便是阿米康家神山，康家神山位于汉藏交界地带，古时西面是藏区，东部为汉地，康家神山绵延数里。传说阿米康家原为陕西西安一员大将，受皇命驻守边关，此人英勇善战，非常了得，死后被汉藏信众封为神山。当地信众认为，阿米康家虽为将领，但祭祀此山神会给信众带来财富，因此每年都有不同地区的汉藏信众在大年初一上山祭祀。

乡约是古时乡中小吏，由县官任命，负责传达政令，调解纠纷。塔加村南就有一处乡约城墙遗址，当地人称为乡约昝步马遗址，据说此城为一古时乡约的城堡，占地几十亩，数年前还有楼房数间，传说此乡约脾气暴躁，善于防卫，曾多次与土匪打仗，现遗址只剩残垣断壁。

在塔加村，最吸引人的还是那些独具特色的建筑，和其他地方的院落不同的是，塔加村的四合院只留有一个天井，四面都是回廊，回廊栏杆和墙裙雕刻花鸟，图案精美，雕工精细。

这次进驻塔加开展古村落调查进行得相当仔细，这不，一不小心就揪住了几条“小辫子”。塔加地区妇女的发辫与其他藏区略有不同，除了婚嫁时额头多辫几条小辫子之外，平常在脑后只辫长短相等的三条长辫，在每条长辫子上放一个银元、藏币等制成的“梅陇”。“梅陇”一般不会取下来，只有在丈夫去世后才会摘下来。

塔加村的婚俗也特别有意思，一般婚礼需要经过提亲、订婚、送亲、迎客、婚礼等几个阶段。娶亲的日子非常讲究，需要占卜确定。也有偷婚习俗，通常是男女青年自愿定情，但得不到女方家庭的同意，或者男方家境困难无法筹措彩礼，进而采取非常手段实现婚姻的一种习俗。

此外，塔加村还有两种特别的民间体育项目，即拔腰、蹬棍：两人相互弯腰用臂膀抱住对方的腰部，抱稳之后，由裁判下令开始，双方尽力将对方往上拔，为站稳脚跟，双方均可将自己的双腿交叉于对方的腿缝中，

迫使对方后腿不稳以至于拔起离地而失败；蹬棍，两人对坐，伸直腿，脚掌对蹬，用手握住一根木棍，开始拽拉，膝关节不能弯曲，一方臀部离地为失败。

【龙达舞带来的祥瑞】

牙什扎村

只要没过正月十五，在化隆县塔加乡牙什扎村，你就能看到龙达舞。

都说藏族人生下来就会唱歌跳舞，这一点在牙什扎村表现得最为淋漓尽致。即便不是在正月，不需要刻意组织，在牙什扎村随处可见舞蹈者的身影，不仅仅是年轻人，就连历经岁月沧桑的老阿妈、老阿爸也会加入到跳舞的队伍里。他们对舞蹈的场所选择并不那么苛刻，甚至在自家的屋顶上也会来上一段。

每年春节期间，牙什扎村都会精心挑选出四位强健的男子，他们要装扮成狮子、大鹏、龙和老虎。这四只凶猛的动物，分别是龙达（风马）中的四个祥瑞之物。四位男子的扮相并不复杂，主要靠面具和道具完成，比如狮子，外形和汉族地区的舞狮子没有什么区别。有所不同的是，牙什扎村的龙达舞并非真正意义上的民间舞蹈，不是用来取悦观众的。每年正月初一到十五，扮装成的四个祥瑞动物，需要到每家每户都跳上一支舞蹈，以神灵的化身给人们祈福免灾。

牙什扎村是青海东部的一个藏族村落，据说形成于吐蕃时期。那时，由于吐蕃上层贵族间发生战乱，不少人为躲避战火，不得不背井离乡，走向遥远的未知世界。西藏桑耶就有这么三个兄弟，他们的名字分别叫谢藏尼玛、谢藏达瓦、谢藏若赛，他们翻山越岭，一路东行，吃尽了苦头，甚至还遭遇了狼群。最终，他们千里迢迢来到化隆牙什尕谢新村，总算找到一个临时落脚的地方。不久，他们又继续往东，在阿岱的巴萨建起了自己的家园，开始了半农半牧的生产生活。后来，藏王后裔加央来到牙什扎的阿岱昂弘扬佛法，建成了一定规模的帐篷寺院，称作加央贡寺院。公元782年前后，加央与谢藏尼玛、谢藏达瓦、谢藏若赛的后人谢新阿约经过多次商议，决定把帐篷寺院搬迁至现在牙什扎村坐落的地方。后来，寺主为了让僧俗两众有各自清净的空间，遂在元末明初迁至离牙什扎七公里的地方建寺。所以说牙什扎的形成与加央贡寺院是密不可分的。如今，牙什扎村仍有一个嘛呢康，它的前身就是密咒院。此外，村里清朝初期就探寻到自己的天葬台，有着传承齐备的天葬仪式，离天葬台不远处，是同样历史悠久的卓玛奔康、三大拉泽垛。

牙什扎地处化隆县最东段，是两省三县的交会处，牙什扎村属高原山窝地形，群山环绕，群峰连绵，牙什扎就在山腰处，整村主要由庙宇式的嘛呢经院、四合院式的普通民居建筑群构成，村中小巷多而曲折。村落的选址也给村民造成吃水不便，村里至今还没有接通自来水，全村饮用水之前靠村里的一个泉源解决,但目前也是日益枯竭,打满二十公斤水需要一个多小时。虽然牙什扎是一个极度缺水的村落，但周边植被覆盖率还很理想，离村子不远的山谷中还有大片林场以及丰富的草场资源。

牙什扎村并不是一个富裕的村庄，主要经济来源依靠输出劳务和外出采挖虫草，原始产业依旧结构单一。无疑，缺水影响了牙什扎村村民正常的生产生活。即便如此，也没能影响到牙什扎人的乐观，他们除了每年春节的龙达舞之外，每逢过年、婚嫁、迎宾、祝寿、添丁和少女成年礼时，还会跳则柔舞。

尕洞村

【千年阿妈树的庇佑】

翻越千山万岭，只为看一棵树？没错，化隆县塔加乡尕洞村的这棵千年古树太不平凡了，首先它的名字就会让你心生敬畏：唐德阿妈树。

如果向懂得藏语的朋友打问，你很快就会知道，“唐德”其实是小松树的意思。但实际上，这不是一棵普通的小松树，而是松树中的“母亲树”。它盘踞在尕洞马囊对面的树林中，树形巨大，枝叶茂盛，树根如网状四面铺开，形状奇特，如一位母亲怀抱婴儿。同时，巨大的树干延伸出一株较小的树干，如同手臂怀抱一般。

历经沧桑，接受了上千年日月精华，这棵松树肯定已经有了灵性。这棵树的神奇之处还在于，它的松子被百鸟衔往各处，落地出苗，茁壮成长。因此，此树被当地人甚至是外地人奉为求子神树，每年都有四面八方的信众慕名而来，甚至千里朝拜，向神树敬献哈达、卡迪（藏区特有的一种馍馍）、念珠、锦缎等，磕头祭祀。每年夏天，络绎不绝的信众徒步转尕洞对面的阿米尤合郎神山，此时，更有信众专程向唐德阿妈大树求子，据说非常灵验。

这是不是一种图腾崇拜，我们不得而知，但可以肯定的是，藏族群众对自然的崇拜是虔诚的，因为他们懂得人和自然要和谐相处。

尕洞村虽然缺水，但并不缺木，村西山上就有原始森林，麝、羚羊等经常在那里出没。其实，沟壑交错中，尕洞村也有两条稍大的河流：一条从村落后面的阿尼措曼杰姆山（毛洞山）流出，经尕洞村亚囊庄流向黄河；另一条从东部智海山发源，流经尕洞村与措曼杰姆河汇合，当地人称之为“二龙戏珠”。这两条河冬季基本处于结冰状态，村民无法取水；夏季虽河水较大，但由于山沟较深，村民取水也极为不便，到现在村民们还是一直靠毛驴或骡子，或摩托车驮水，所以在尕洞村随处可以看到憨态可掬的毛驴。

有史料记载，塔加地区一直为藏族居住地，明时为西宁府中马番族二十五族之一的革咂族。藏族学者才旦夏茸所著《丹斗寺志》《喇勤贡巴饶赛传》以及《化隆县志》等，都有化隆地区藏族源于吐蕃将领后裔一说。当地村民还有一种说法，即吐蕃时期有三位密宗士来到今化隆地区,他们的法力相当厉害,认为这个地方是吉祥之地，所以打算留下来，三人将从后藏带来的法器及经卷平分，后在三个不同的地方世居，这三个地方分别是今天的循化县尕让乡、化隆县甘都乡和尕洞村。据说当年留在尕洞的密宗士分有密宗鼓一面，此圣物现今还在尕洞。

关于族源来历，还有另一种说法，尕洞村多数人认为其祖先为西藏后藏人阿米仁青加，世代从事牧业。据说阿米仁青加生有三个儿子，为使家业兴旺，他分别给三个儿子划分领地，大儿子得今塔加一村、塔加二村所在地区，二儿子得今白家卡瓦，三儿子得今尕洞村地区。

尕洞村的故事讲到这里,你以为结束了,那就大错特错了。有关尕洞村故事的高潮部分，则和三世达赖喇嘛有关。

1578 年，三世达赖喇嘛索南嘉措应顺义王俺答汗之邀,来到青海湖滨与俺答汗会晤。会见后,俺答汗敬奉索南嘉措“圣识一切瓦齐尔达喇达赖喇嘛”之尊号,三世达赖喇嘛索南嘉措回送俺答汗“咱克瓦尔第彻辰汗”的尊号。“圣识一切”是“遍知一切”的意思,“瓦齐尔达喇”是梵文“金刚持”的意思。从此才有了“达赖喇嘛”这个称号。由此,后人又追认根敦朱巴为一世达赖(1391 ~ 1474 年),根敦嘉措为第二世达赖喇嘛。当时的蒙古人大部分还信仰萨满教,有夫死妻殉葬的残酷风俗,还有给死者宰杀很多驼马以做祭祀的习惯。三世达赖索南嘉措引导他们移风易俗、抛弃陋习，因此得到全体蒙古人的敬仰。大家都抛弃了萨满教，改信藏传佛教格鲁派。

1590年，三世达赖喇嘛索南嘉措受俺答汗礼请，途经尕洞地区时，为塔加地区“正果三部落”诵经灌顶，当年灌顶的地方就是尕洞村嘉日那，此地至今尚有当年的法座和据说是三世达赖喇嘛的脚印（后被土哇寺请去），还有长约五十公分，宽三十公分的供灯石台一块，上落有百余灯台印记，现被尕洞一村民供奉于家中。

虽说尕洞村已经入围中国传统村落名录，但保存相对完好的二层民居已经所剩无几，据说有的是近几年才拆除的。村内多数民居都是近些年新建的四合院，外形与经典房一模一样，里边就剩一层，原本一楼的牲畜圈和杂用房已不存在，只保留了原来的二层结构。

即将离开尕洞村时，我们又听到一个和唐德阿妈树类似的神奇故事，那就是村里的“秀娜芒”，意为多种神柏。这是一棵神奇的巨大柏树，主干是柏树，却长有数百种不同树木的枝干。据说这棵柏树声名远播，尤其在拉萨更是无人不知，在拉萨常有朝圣者被问秀娜芒是否长高超过山腰的路，说超过山腰路面就会佛法昌盛。但遗憾的是，后来遭到砍伐。虽然现在只剩一个巨大的树根，但对于尕洞村人来说仍是一棵神树，可保村落平安祥和、五谷丰登、六畜兴旺。

恰加村

【不可思议的村庄】

如果你眼神不好，就很有可能对恰加村视而不见，因为它就像被镶嵌进了丹山之中，院落的土墙和山色几乎一致。这多亏了那些牛粪，在村内堆砌出的歪歪扭扭的牛粪墙，颜色却是黑色的，似乎告诉前来寻觅恰加村的人，这里确实有人们在生活着。

也正因如此，恰加村是最不可思议的村庄，村落的周围，如同燃烧过的丹霞地貌，让周边几乎变成了不毛之地，偶尔有几棵柳树，也是蔫头巴脑，尽可能垂下枝条，想要喝到科沿沟的水一样。

恰加村为什么会选在这么一个兔子都不拉屎的地方呢？他们的祖祖辈辈又是怎么活了下来？在恰加村寻找这些问题的答案时，惊人的秘密让人瞠目结舌，原来这里“撒一泡尿就能冲出来黄金”，这里曾经黄金遍地，并且出过很多狗头金，怪不得在这么恶劣的环境中会有一个古老的村落出现。

恰加村所在的化隆县金源乡，之前有一个奇怪的名字，即科沿沟，即便是现在，当地人还是称金源乡为科沿沟。科沿沟其实是一条河的名字，河水说大不大，说小不小，但从未断流。科沿沟自北向南流淌时，蜿蜒远去，湍急的河水拍打着嶙峋的石块。这是一条古老的河，源头来自下东沟、项热沟、智久沟，最终在循化撒拉族自治县注入黄河。也就是在科沿沟顾自欢快流淌时，它的身边冒出了不少村落，恰加村就是其中的一个。

至于这里的金矿是如何被发现的，史料并没有详细记载，也许真的是一个名叫扎西或洛桑的牧羊娃用尿冲出来的。之前那个牧羊娃一直晒着太阳，他的羊群也晒着太阳，他和羊晒太阳也是迫不得已，因为附近连棵树都没有。晒着晒着，牧羊娃和羊都渴了，便跑到科沿沟里去喝水。牧羊娃和羊喝饱了水，同时在河滩上撒尿，这时牧羊娃发现了一块黄灿灿的东西被他的尿或羊的尿冲了出来，觉得非常好看就捡回了家。后来，阿爸在整理牧羊娃的床铺时看到了那块狗头金。

科沿沟有黄金的消息像长了翅膀，又像一场瘟疫，迅速蔓延开来。河滩里的狗头金被捡完了，河床也被翻了个底朝天，科沿沟无能为力，只能在伤痛中呻吟。河滩上没有了金子，很多人开始在岸边的山上挖洞寻找金子，至今那里还遗留有大量矿洞，深不见底，像一只只巨兽的眼睛，而恰加村前的滩地也已变成盐碱地。

科沿沟位于化隆县境东南部、拉脊山脉东段，地形破碎，沟壑纵横，恰加村附近又是丹霞地貌，千疮百孔的矿洞不仅成了大自然的灾难，也成了一些贪婪者的灾难。据说在20世纪，还有不少村民参与淘金，因滥挖乱采，还曾发生过矿难。

也正因为过度采金，生态破坏严重，恰加村附近再找不到可以放牧的草场，长了腿的野生动物们也逐渐将这里抛弃，没长腿的植物则悄无声息地钻到地下再也不出来了，干旱、冰雹、暴雨、泥石流时有发生，这让恰加村村民的生计更加难以维持。

因为盛产黄金，科沿沟逐渐被金源乡这一新的名称所代替。面对黄金的诱惑，很少有人能够抵挡得住。民国末期，西北大军阀马步芳贪婪的目光盯住了这里，并派部队进驻强行采挖。当时附近的支哈加村有一个著名的石匠叫旺加，因身材高大、皮肤白净，人称“白旺加”，旺加艺高人胆大，面对马步芳派来的“劫匪”，组织近百名村民进行反击，成功驱逐了马步芳的采金队，后来马步芳派1000多名荷枪实弹的官兵镇压，不屈不挠的支哈加人占据有利地形，用弓箭、石簧等原始工具击退了一次又一次的进攻，直到迎来了解放青海的曙光。当时，神出鬼没、骁勇善战的“白旺加”为守护一方水土立下汗马功劳，其形象被民众神化，成为反动政府和私采金矿者的噩梦。

那么，如今的恰加村人是不是淘金者的后代呢？答案是否定的，即使恰加村人参与过黄金的采挖，也不能说明他们是淘金者遗留下来的子孙。真正的谜底很快揭开，原来恰加村的祖先是吐蕃人！

那是唐高宗龙朔三年(663年)，向北扩张的吐蕃族进入河湟地区，灭了吐谷浑，吐谷浑可汗诺曷钵被迫与弘化公主率数千帐迁入凉州。随后，唐与吐蕃时战时和200余年。至宋代，原吐蕃帝国的一个部落首领的后裔

唃厮啰在以邈川（今乐都）、青唐（今西宁）为中心的青海省湟水流域建立了政权，这是当时以藏族为主体的最大的地方封建政权。

也就是在那战乱频仍的年代，吐蕃的一队守军来到恰加，在这里建起防御设施，随着戍边将士家属的随军迁入，一个村寨渐渐形成。随着岁月的流逝，他们在这里牢牢地扎下了根。恰加村之所以叫恰加，是来自藏文的 30 个字母。作为吐蕃戍边的重要位置，整个村域完全依山而建，地势较为险要。

合然村

【艺术大师留下绝版艺术】

循化县尕楞乡合然村一向默默无闻，几乎被人遗忘。和很多古村落相比，它没有华丽的外表，在贫瘠的山间显得异常落寞。然而，走进村西宫义山山腰缓坡上的合然寺，却是另一个世界，谁也想不到，这里竟然藏着热贡艺术鼻祖、艺术大师加毛·洛桑华旦的绝版艺术。

合然村是一个偏僻的小山村，村庄规模不大，村前有一坑塘，远处山坡上黄绿相间的庄稼，倒也将村落装扮得分外妖娆。走进村落，合然寺也就呈现在了眼前。

合然寺是历史上完整保存下来的为数不多的具有汉藏建筑风格的格鲁派藏传佛教寺院之一，始建于清康熙四十二年（1704 年），由隆务寺第一世堪钦更登尖措活佛创建，至今已有 300 多年的历史。寺院建筑依山而建，占地面积约 2000

平方米。院落分前后两院，前院地势低，空间狭小，原有二层木质楼阁在“文革”中被损毁。后院在二层台基上，地势开阔，建有大经堂、弥勒佛殿和厨房等建筑。寺院格局基本保持了清代建筑格局，周边历史风貌保存较好，没有增加及改扩建的痕迹。

合然寺虽然规模较小，但建筑华丽，保存完整，建筑风格也颇为奇特，为汉藏合璧建筑风格。经堂及弥勒佛殿，从屋顶的建筑形式看，系典型的汉式硬山式建筑，正脊中央置砖雕宝顶，雕刻精细，套合严密，是难得一见的砖雕精品，具有明显的汉式建筑风格。而在殿内装饰及木构件处理上，却更加突出了藏式风格特点。

合然寺的历史及艺术价值，不仅仅表现在建筑艺术上，更重要的是内部熠熠生辉的大量壁画、版画艺术。合然寺的壁画、版画之所以有很高的历史及艺术价值，主要是该寺壁画、版画均出自对热贡艺术有承上启下、继往开来作用的绘画大师、著名佛教学者加毛·洛桑华旦之手。

加毛·洛桑华旦被誉为热贡艺术的鼻祖，系今循化县尕楞乡帏塘村人，又叫加毛拉干或帏巴·穆盘达瓦，是清初热贡地区涌现出的大批绘画大师中人们公认的最有才华的人。他的作品技术精湛，画面形态逼真传神，是难得的艺术珍品，其作品遍布青海、甘肃、内蒙古等地诸多寺院，同仁县年都乎寺、甘肃拉卜楞寺等都有他的杰作。

合然寺壁画、版画借鉴了中原画风和技艺及热贡艺术的汉地画风，在风格上有突破，有创新。合然寺主要建筑在“文革”中历经劫难，当时为了保护寺内壁画和版画，该寺僧人和村民把天花板上的画全部卸下来，将画面朝上再安装起来，这样外人就误以为那些仅仅是一块块的木板。同时，他们在壁画上抹了一层草泥，使得这些珍贵文物躲过一劫，得以保存至今。

合然村的传统民居基本上都是庄廓院，庄廓外墙材料主要为土石结构，这就使得每座建筑就像一个个变色龙，深藏在大山里，看似和大山融为一体。

合然村还有一个嘛呢康，建造年代与合然寺相同，为木制的平房建筑，经堂内主要供有佛像等，殿堂里最主要的是嘛呢轮。嘛呢康由每年选出的守值人值守，其职责就是每天早晨添加净水，燃灯敬佛。

其实合然村仅仅是尕楞乡比塘村的一个自然村，由于地势呈缓梯状，村落也呈扇面依山而建，错落有致。村内巷道呈不规则形状，街巷高低不平，巷道两边则是土夯墙。虽然土得掉渣，但也别小看了这些街巷，它们都有自己的名字：嘛呢杨康、斗改拉、畜玛拉、达改尼哈、东果玛、卡吉囊、乐黄果尕、开囊等。

合然村西北角有一处泉水，名叫昂改泉水，每逢旱季村民们就会到昂改泉提水，来供应人畜饮水。和其他藏族村落一样，合然村周边的阿尼岗校、阿尼东日、阿尼彩卡、阿尼智买、阿尼斗藏、阿尼拉日等大山也成为了村民们的主供神山。

在合然村转了大半天，我们早已饿得前胸贴后背，对这里的饭菜没有太高的期望，毕竟这里是一个农业村，但没想到合然村的“伙食”也不差，牧区藏族群众家的那些美味，这里都有。当然，这里的素食可能要多一些，并且有些很有地方特色。

糌粑是青藏高原藏族群众最主要的食物，也可以说是主食。合然村的糌粑有几种吃法，早上老人一般先要吃“渡麻”，它是在碗底放少许糌粑、少许酥油，再倒入奶茶，快喝完时把碗底的糌粑舔掉；还有一种就是“把拌”，在碗底放酥油、曲拉，再倒少许奶茶，然后在上面放很多糌粑，用大拇指和小拇指护住碗边，用另外三个手指扣压，轻轻地从左向右转动几圈，即可把一碗糌粑拌好。糌粑富含脂肪、糖和蛋白质，吃起来既有酥油的芳香，又有曲拉的酸甜，还有青稞面的香味，而且营养丰富，耐饥御寒，是合然村藏家外出必备的食物。

在合然村，牛羊肉的吃法也很独特，有煮吃、冻吃、干吃等多种吃法，还有血肠、肉肠、面肠等灌肠制品。除此之外，还有一种名为“慈济”的美味，味道非常鲜美，具有自然纯真的风味。合然村藏家还有“斋瑟”，就是把米饭煮熟后加入酥油、蕨麻、白砂糖制作而成。如果来了贵客，合然村的藏族群众就会端来一份类似“东北乱炖”的烩菜，用猪肉、萝卜、葱一起煮，然后放入花椒、蒜、盐巴等，那味道真是美极了。

十世班禅大师故居

毛玉村

从循化县文都乡乡政府所在地南行两公里，一座奇特的山峰横亘眼前，整座山峰就像被人为撒下了大量白灰或面粉，山腰间风蚀而成一个个洞窟，每个洞窟里都形似一尊佛像端坐其中。这就是万佛山，而万佛山下，就是今天要探访的毛玉村。

这是一个远离喧嚣的村落，它静卧于山间谷地，人们却不远千里前来顶礼膜拜，因为十世班禅大师额尔德尼·确吉坚赞的故居就在这个村落里。

十世班禅大师额尔德尼·确吉坚赞祖籍西藏萨迦地方，元初迁来循化县，明代起世百户，清末升为千户，父亲古公才旦为最后一任千户，管辖“文都七族”。1938年大师就诞生在这里，1941年被认定为九世班禅的转世灵童。1949年6月，经国民政府批准为十世班禅，同年8月在塔尔寺举行了坐床大典。

随后的故事也是耳熟能详。1949 年 9 月 5 日青海西宁解放，班禅大师派代表到西宁与人民解放军取得联系。1949 年 10 月 1 日，中华人民共和国成立，班禅大师即致电毛泽东主席和朱德总司令："致崇高无上之敬意，并矢拥护爱戴之忱。"毛泽东主席、朱德总司令复电勉慰。1949 年后，中央确定和平解放西藏，班禅大师立即表示竭诚拥护。1951 年 4 月，班禅大师率领堪布会议厅主要官员前往北京，积极推动和支持中央人民政府与西藏地方政府关于和平解放西藏的谈判。签订和平解放西藏的协议后，班禅大师向毛泽东主席敬献了用汉藏文写成的"中国各族人民的大救星"锦旗。

走进毛玉村，一棵参天大树特别引人注目，当年在寻找九世班禅转世灵童过程中，在祭湖仪式观看景象时，这棵古树就曾出现在拉姆兰措湖中，树下还有一只老虎，而十世班禅大师的生肖就是虎。

如今，这棵郁郁葱葱、高耸挺拔的古树树干上挂满了各色哈达， 成为大师故居的一个标志。

班禅大师出生的屋子一侧有火炕和灶台相连，在火炕墙壁的上端悬挂着大师画像，四周簇拥着当地特有的用面饼雕刻的"馍花"。宅子的另一侧是一根立柱，据说是十世班禅大师的"生命柱"，上面也系满了五颜六色的哈达。

班禅故居整个建筑错落有致，层次分明，极具藏族风情。院外溪水环流，四野山清水秀，庄廓呈"品"字形，外院为停车场、仓库等。东面并排两院，北侧旧居为家庭成员住宅，南侧是正院，为主体建筑，楼上北为经堂，西为会客室，东是大师卧室，整个房子为藏式建筑，雕梁画栋，富丽堂皇，

古朴庄重，经堂檐下有匾额一面，是 1983 年 10 月县城汉族群众恭贺大师新居落成而赠送的，上刻“河源须弥”，两边有“九曲安祥爱国早传拒虏，八荒向化护教所以宁邦”的楹联，就是颂扬大师爱国爱教伟大业绩的。

毛玉村主要以十世班禅故居为中心，民居建筑围绕班禅故居而建，以线性方式，沿街巷空间以宗教建筑为中心呈放射性布局。村庄东面有佛学院和世界吉祥菩提塔，该塔无论是高度还是规模，都堪称亚洲第一塔，其中白塔为信徒朝拜的宗教场所，是本村出家的活佛出资修建的，由村民资助已修建 11 年之久。

和所有藏族村落一样,毛玉村的“村歌”也是拉伊,它是藏族民歌的一种，主要表现为男女青年情歌对唱，以表达爱慕之情。毛玉村还有一种民歌“勒西合”，主要表现为生活场景中的民歌对唱，也是一种节日欢迎时刻的交流对话。此外，还有民歌“勒”，它的特点是声音悠长，适合的场合较多，比如敬酒歌、赞歌、悲歌等，是一种使用较为广泛的藏族传统民歌。传统舞蹈则是锅庄舞，适合众人一起跳，人越多越庄重，人们在开阔场地围圈跳舞，男女老少均穿藏式民族服装围火转圈进行欢庆。还有则柔舞，二至五人边唱边跳。此外，还有螭鼓舞，由一名法师手持长刀和哈达带领龙鼓队跳舞，龙鼓队只能男性参加，但不分年龄大小，所有参加者均着藏服并以白哈达斜挂其身。

毛玉村藏式婚姻以自由恋爱为主，嫁娶活动异常隆重，双方均穿藏式民族服装，婚礼则在男方家中举行，晚上会有年轻人热闹的庆祝活动，并伴有藏族民歌拉伊、则柔等，要持续庆祝至天亮。

如果有幸，你还能在毛玉村看到盛大的插箭活动。这一天，大家一起前往神山，由男性用木板和木棍做成巨大的箭，箭长10米左右，最长的可达20米，由多人共同背负此箭到达神山插箭场地，这个插箭场地是多村共用的，大家一起在那里举行宗教活动，并伴有各种民歌的演唱，热闹异常。

参观完班禅故居，继续南行很快就到了文都寺。文都寺是十世班禅大师幼年学经的母寺，也是大师生前回乡进行宗教活动的主要场所。文都大寺是循化地区最大的藏传佛教寺院，经元朝帝师八思巴法王授记，由第二任帝师亦怜真创建于1272年，也是青海最早的藏传佛教萨迦派寺院。寺院主尊为萨迦独有的大黑天护法神王，该神王由萨迦昆氏家族延传至今。明万历三十四年(1606年)，文都寺改宗格鲁派，又成为青海境内最早的格鲁派寺院。

“文都”藏语为牛犊山下游之地。文都寺紧靠森林，坐西向东，依山而建，远远看去，鳞次栉比，层层叠叠，错落有致，气势磅礴，使人顿生肃穆敬仰之情。文都寺四周环境优美，松柏苍翠，景色宜人。尤其是这里的寂静，让人忘却凡尘，涤荡心灵，使人瞬间产生回归自然、天人合一的憧憬。

【彩绘大观载入世界记录】

牙循村

来自青海、西藏、甘肃、四川、云南等地的 400 名民间艺人耗时 4 年，最终完成了长 618 米，宽 2.5 米的唐卡长卷《中国藏族文化艺术彩绘大观》，以世界上最长卷轴画，一举拿下“大世界吉尼斯之最”。

刚到循化县文都乡牙循村，就有人说起一个叫宗者拉杰的人。宗者拉杰是牙循村的骄傲，他在而立之年，立志要画一幅世界上最长的色泽艳丽夺目、内容丰富的唐卡画，以展示青藏高原独特的人文景观和神奇的自然景观。为了梦想成真，他从 1980 年开始深入广大藏族地区搜集资料，1988 年开始文字撰写，1990 年开始勾画原始蓝图，1999 年 8 月，《中国藏族文化艺术彩绘大观》绘制完成，同年 9 月被收入吉尼斯世界之最。

1951 年 12 月出生于牙循村的宗者拉杰，自幼酷爱绘画，3 岁时被送到文都寺拜师学藏文，师从著名的民间艺人索巴学画；

调入热贡艺术馆后，又师从著名画师更藏学习唐卡绘画，创制出很多独具风格的绘画作品，在青海唐卡艺术界乃至美术界，是一位举足轻重的人物。

宗者拉杰领衔创作的《中国藏族文化艺术彩绘大观》，内容博大精深，涵盖了藏族文化的方方面面，笔法细腻，全部使用纯天然绘画颜料，被誉为“藏族历史的大百科全书”“中华民族之瑰宝”。难能可贵的是，创作费用都是宗者拉杰用贷款来筹集的。画卷作为庆祝新中国成立五十周年的一份厚礼，先后在中国革命博物馆、青海省博物馆、西藏博物馆以及韩国首都首尔、釜山等地进行了 11 次大型展出，受到各界人士的广泛好评。

为什么村民们将宗者拉杰作为介绍牙循村的开篇？我想这里应该是民族文化的富矿带，随着调查的深入，这种想法很快就得到了印证。

牙循村地处山间谷地，背山面水，村落传统风貌保存较好。居民以安多藏族为主，信仰藏传佛教格鲁派。村落周边有良田与树林围绕，中库沟流经该村，并在这里形成河滩谷地，河滩上更是树林密布。

走进牙循村，如同进入一片原始森林，每家每户院落内外，都有高大的树木林立，尤其河滩处有一棵小叶杨，高大威武，据说它已经500多岁了，就像一个祖母，慈祥地注视着整个村落。牙循村建筑为典型的青海东部庄廓院，以木结构、夯土材料、平屋顶的庄廓建筑民居类型为主，多为一层建筑，二层建筑则有夯土木结构小房，处于民居右侧的一角。民居建筑以夯土墙围合、四合院为主。村内的安多吉祥宝塔最初建于清朝初期，2004 年重建。嘛呢房也建于清朝末期，占地面积为 400 平方米，目前正在翻修。

牙循村的民居建造过程也很独特，先是挖地基，地基深一米左右；然后砌石基，利用“河光石”以土泥黏合建造民居基础部分。其中石头地基部分的高度根据庄廓民居所在地的湿度决定，最高可达 2 米；再然后就是夯土墙，夯土墙的建造采用模具加固、定型的方式，底层夯土 1 米宽，顶部夯土 0.7 米宽，剖面和里面均呈梯形，其中房屋的承重结构为木柱，夯土墙仅是维护结构；接着加盖房顶，房顶椽子以上置草泥，并以 30 厘米的夯土加厚，用石碾每年滚压以夯实房顶，防漏、防雨；最后是室内陈设，牙循藏族民居的室内陈设以木板无着色装饰或草泥灰抹面，一般用篱笆与草泥抹面形成隔离以进行功能区分，有条件者可使用夯土墙进行空间及功能分割，土炕与灶台相连，模具可使炕与灶台一次成型，在进行二次加工时掏空处理，并加石板形成平台。

牙循村为藏族村落，建筑门头木雕装饰图案多为“八宝吉祥”图，保持土木本色。其中，八宝包括牡丹、金鱼、金法轮、海螺、金伞、莲花、宝瓶、胜利幢。这里的藏式庄廓院内一般有花园，主要种植丁香、牡丹、菩提等，庭院内一般不会种植白杨、云杉、松树等植物。

村前流过的中库沟发源于岗察草原，这条沟内有 12 处齐家文化与卡约文化共存的遗址，曾出土大量陶罐、陶片。中库沟主要源头为雪山融水，部分为大气降水，汇水面积较大，流经牙循村后，一路至街子河，最终汇入黄河。

刚才有个眼神不好的人误将“岗察草原”看成了“刚察草原”，所以这里还需要澄清一下，刚察草原在青海省海北州刚察县，岗察草原则在青海省海东市循化县岗察藏族乡，是青海东部农业区中唯一的纯牧业乡，那里山峦叠嶂，连绵起伏，广阔无垠，水草丰美，鸟语花香，牛羊成群，每年 6~8 月份是旅游最佳时期，可让你抛弃都市的喧闹，尽情享受大自然幽静、广阔、优美的无限风光。

蝻鼓舞这一被列入国家非遗名录的大型民间祭祀仪式舞蹈在牙循村也很流行。螭鼓舞起源于古代祭祀活动，多在农历正月春节、婚庆、祝寿等喜庆的节日表演，是一边打击单面蒙羊皮的鼓一边跳动的舞蹈。这种边击鼓边舞蹈，不用其他乐器伴奏的表演形式和独特的技巧、激昂的情绪深受藏族群众喜爱。牙循村的螭鼓舞由 30 个以上男子组成舞队，表演时舞者左手执鼓，右手拿鞭，披金色棱形披肩，戴五峰吉祥帽，边击边舞。舞蹈为多段体例，结构较为完整、严谨，动作整齐划一，不能自由发挥。基本动作为“上步前曲腿跳击鼓”等多种，每段变换一种队形，基本队形为顺时针方向走圆圈，以及方阵、螭摆尾、斜线交叉、圆形交错换位螺旋绕圈、横排等。其目的是祈求神灵保护，禳灾驱邪，保佑人寿年丰。

另外，拉伊、勒西合、勒、锅庄舞、则柔舞、龙鼓舞、藏戏等，都是牙循村民族文化富矿中的一分子。

张沙村

【罕见的城中城】

在青海东部，有一个罕见的城中城，外城将内城紧紧包裹，内城是外城的三分之一。如今，内城所在地就是循化县道帏乡张沙村。城中城不仅在青海独此一份，在全国也非常少见。

为什么在青海这么一个不起眼的地方会出现城中城呢？这就需要先从距离此处不远的起台堡说起。道帏乡为藏族乡，起台堡却是该乡唯一的汉族村。原来，起台堡是明代驻军的产物。

“先有起台堡，后有循化城。”这样的民间俗语标示着起台堡在循化县历史上举足轻重的地位。明代，居牧于青海的蒙古贵族铁骑成为西陲河湟的顽敌，史称“海寇之患”，使边陲“岁无宁日”。起台堡正是在这样的历史语境中应运而生，承担起了关隘防御的战略责任。随着“海寇之患”的消除以及清王朝崛起、循化厅的设立与积石镇的兴盛，特别是清王朝的覆灭，作为军事建筑的起台堡才逐渐演变为汉民族聚居的自然村落。所以谈起循化乃至甘青历史时，就不能不浓墨重彩地述说起台堡曾经的重要地位。

张沙村的外城其实就是起台堡的城池，也可以这么说，张沙村位居起台堡城内核心位置，并在此又修建了一个内城。说是内城，其实主要说的是张沙寺。东枕达里加山，西瞰起台河的张沙寺是城中城里最宏大的建筑。张沙寺是卡加头人索南扎西和法王贡噶勒巴于1626年创建的格鲁派寺院，系拉卜楞寺属寺，史载张沙活佛卡·丹贝坚赞曾担任过国师。

地处甘青交界的关隘地带，特殊的地缘环境使张沙村形成了多元的村落民俗文化，既不同于甘肃，也不同于青海，在整个青海地区具有不可替代性，值得描写与研究。除了藏传佛教，张沙村村民既供奉全国流行的关帝，又有青海其他地方民众也信仰的神灵，更有意思的是，还建起了颇具规模的五山神庙，供奉明初开国大将常遇春等神灵，这在青海其他地方很少见。

说到五山神庙，张沙村的五山池是必定要去的。五山池又称雾山池、雾山仙池、达里加天池，藏语称达里加措。五山池位于道帏乡达里加山主峰之东南，主峰顶海拔 4800 米，是道帏乡风景游览景区。

达里加山是当地群众心中的神山，冬季冰天雪地，主峰的冰雪几乎常年不化，夏日云雾缭绕，七、八月间雨后天晴的早晚常会出现云海，高山之巅俯视云层，看到的是漫无边际的云，如临于大海之滨，波起峰涌，浪花飞溅，惊涛拍岸。特别是日落的时候所形成五彩斑斓的云，这种自然奇观，最为壮观，赛过黄山云海。山坡下盛开着整片整片的油菜花，那金黄色的油菜花在流动的光影和变幻的背景中尽情绽放，尽情散发着醉人的芳馨，夺人心魄，构成了一幅非常壮美的迷人景观。

藏在达里加山巅的五山池呈圆形，周长500多米，水深约10米，蓄水量约10万立方米。《西宁府续志》记载：六月积冰，遇旱祷之则雨。五山池以它独特的高、奇、险、神、绝闻名遐迩。夏季6~8月间是旅游的最佳时期，从临平公路达里加垭豁南山坡登上绿草如茵、连绵起伏的山岭，高原雪莲花、杜鹃花的芳香扑鼻而来，步行五公里即到龙窝。再向西攀登，山势峥嵘，奇峰拔地而起，高耸入云，花岗岩巨石之大，别处少见。五山池似一颗耀眼的明珠，就镶嵌在巨石间，晶莹剔透，池面时而涟漪四起，碧波荡漾，时而泛起泡珠，满目水花。怀抱山池的峻岭石峰裸露，千姿百态。再攀主峰，就可远眺循化山川、甘南草原、临夏风光及刘家峡水库。相传，明太祖朱元璋火烧庆功楼，遇难元勋大闹阎王殿，要求还魂再返人间，但诸臣尸骨销化，阎王只好封他们为地方神，常遇春被封为“五山大王，河池龙王”，五山池是他的封地，因他功高盖世，五山池就成为人们敬仰一代英豪的化身。所以附近的张沙村才有了五山庙。

张沙村至今还散落着一些清代古建筑，多为庄廓院。但在很多人家，不经意掀开遮挡物时，还会看到一个个古洞窟。据村民口述，这些古洞窟是古代张沙村村民用以防御、躲避战乱的藏身之处。它位于村落周围隐蔽处以及靠山的坡地，有些就在自家院落里，内部构造类似陕西靠山式窑洞，宽两米，深六米，一般用工具挡门加以隐蔽。张沙村的古洞窟有两种：一种是村庄集体的密室窑洞，再就是家庭式密室窑洞。由此可以想见，古人在避难所的修建中也是充满了智慧。

道帏河是循化县古老的河流之一，其源头就是张沙村的五山池与达里加山的雪山融水。雪山融水与部分降水共同形成了道帏河源头汇水区域，随后流进清水河，最终汇入黄河。

张沙村是非物质文化遗产藏族螭鼓舞的故乡，这是一种藏族原始宗教祭祀舞蹈，有较为固定的表演形式和风格，藏族群众称为“拉什则”。“拉”藏语意思为“神”，“则”意为“玩”或“跳”，引申为舞蹈，故“拉什则”直译为“神舞”。张沙村藏族螭鼓舞以集体舞形式，表现请神、敬神、送神、降魔等内容，是一种娱人悦神的民间祭祀舞蹈，具有浓郁的藏族宗教文化色彩。藏族螭鼓舞场面宏大，气势磅礴，演员人数少则十几人，多则上百人，动作粗犷、洒脱，节奏铿锵有力，舞蹈画面调度灵活多变，鼓点时强时弱、时缓时快，快似急风暴雨，慢似莲花浮水，具有很强的艺术感染力和艺术生命力，给人一种沁人心脾的艺术享受。

张沙村的插箭活动也很独特，一年共举行六次。第一次插箭活动是农历正月初八，在五山庙举行，男性用木板和木棍做成 10—20 米长的箭，很多人共同背负此箭，插于五山庙寺院的中心位置。第二次插箭活动是农历二月十一日，在村庄后方浪得岗山的山顶上举行，箭插于本村寺院活佛指定的位置。第三次插箭活动是农历六月初一，地点是本村东面的耐木沟山体坡面，全村人都要参加祭祀祈福。第四次插箭活动是六月初十，在张沙达里加神山，由起台堡、张沙、比隆、贺龙堡四个村子共同举行。第五次插箭活动在农历六月十一日，插箭于本村西面恰扎山顶位置，此次插箭活动最具特色之处在于，本村寺庙的和尚要与村民一起参加，还要念经帮

助村民祈祷，并给全村每人一个宝瓶，祈祷后和村民一起将宝瓶埋下。第六次插箭活动是农历七月初六，在本村东部与达里加山相邻的磊积山举行。

比隆村

【青海东部的石头城】

就像一个忠贞不渝的情人，千百年来，道帏河与比隆村始终相伴，不离不弃，并不时地给循化县道帏乡这个藏族村落奏响一曲曲琵琶曲。

来到比隆村，很多人只顾着倾听这美妙的天然音乐，却未曾注意到，此时的道帏河滩上，大大小小的鹅卵石正在窃窃私语，它们在热烈讨论哪一块石头有可能像齐天大圣那样，有朝一日不小心就会变成一只无所不能的猴子。

沿着道帏河继续走下去，便是比隆池，一汪清水在这里汇集，水坝上的流水形成一个微型瀑布。这里同样是石头的天下，但这里的石头和河滩上的石头又有所不同，它们的颜色呈现出深灰色，有些还泛着青光，它们沉默不语，似乎正在考虑自己将会成为哪户人家的墙面。没错，这些石头和比隆村人家院墙、房屋所用的石头一模一样。

走进比隆村，就走进了一座石头城。这个元代就已经存在的古村落，第一座建筑肯定就是用石头堆砌的杰作。这个判断没有任何争议，因为比隆村是士兵曾经驻守的地方，这些士兵的堡垒就是石头建筑。循化道帏地区是一个多山多石的农牧区，尤其是比隆村，河水从村旁流过，这里几乎遍地都是形状各异、硬质极佳的建筑用天然石料。

和其他地方相比，比隆村的石头建筑很是奇特。在整个村落，你找不到土墙，一律的石头墙让你眼花缭乱，房屋沿道帏河滩依次铺开，并不断向两边台地攀升，站在河滩上仰视比隆村，那错落有致的房屋就像重叠在了一起。

比隆村整体传统风貌保存较好，传统民居类型为庄廓民居，庄廓外墙材料主要为石头，结构却是木结构，民居全部是一层四合院式，窗户均开向院内，庄廓外墙除入口位置，其余地方不开洞，形成了良好的保温效果。

比隆村位于循化县道帏乡南部，毗邻甘肃省夏河县，离循化县城 30 公里，离乡政府驻地 6 公里，该村处于靠近公路川水浅山地区，海拔 2700 米左右，气候干燥，较为干旱。村落位于下张山山坡地区，背靠比楞山、下张山、加秀山以及卡拉克山，村落对面为娘藏山。除了从达里加山远道而来的道帏河从村落东北方向奔向黄河外，村落南侧还有比隆河，河水从澳宝奇神山流下，最终汇入道帏河。澳宝奇神山位于该村东南侧，海拔 4300 米，每年农历七月初五，都会有插箭活动在此举行。达里加山同样也是神山，位于该村东部，海拔 3800 米，每年农历六月初十也会举行插箭活动。

比隆村周边还有两个村落，据说松赞干布为了迎娶文成公主，派了很

多人前来青海迎接，他的一个部下被安排在比隆河边站岗放哨，和当地一个美丽的藏族姑娘产生了爱情。后来他的三个孩子分别到了贺龙堡、贺庄村、比隆村，由此形成了三个村落。

比隆村内巷道众多，稍不留神就会迷路，但循着叮叮当当的铃声，还是非常准确地找到了村落东侧的嘛呢房。和周围的房屋一样，嘛呢房也是用石头砌成的。嘛呢房内部有嘛呢连接着系着铃铛的绳子，不断地有老人拉动，发出叮叮当当的声音，以此祈求平安。

至少500年前就已存在的比隆寺也是用石头构建而成的建筑杰作，寺内主要有三座佛殿，分别为大经堂、弥勒殿、护法殿。每年都会有道帏乡和周边县的人来此祈求平安。农历三月二十九日还会有法会在此举行，道帏乡26个村子的村民齐聚在这里，还有甘肃的一些群众也会前来。比隆村在当地人眼中是一个神圣、神奇的地方，据说把关节不好、走不动路的人背过来绕着大经堂转三圈，就能下地走路。

位于村子内部西南侧河滩旁的拉都庙也值得一看，农历四月十一日这里也有插箭活动，庙内供奉有澳宝奇佛像，周边树木环绕，景色还是不错的。

比隆村的漫去得卡药泉也很神奇，据说该泉水可以治肝病。另外，党故泉、伟吉华泉、开悟泉的泉水都可以饮用。

比隆村也会唱藏戏，但这里的藏戏却源自甘肃拉卜楞寺。藏戏是一种以歌舞形式表现文学（故事）内容的综合性艺术，每年在“七月法会”期间演出。拉卜楞寺藏戏规定剧中人物贡保多杰可以抨击寺内时弊，借以整顿寺院纲纪，是以藏语说唱形式演戏的鼻祖，也是拉卜楞寺藏戏的萌芽。1946年初，拉卜楞寺首场公演了一部具有安多藏区风格的大型藏族历史剧“南木特尔”戏《松赞干布》，一时轰动了安多地区，其影响很快波及到循化县，从此比隆村也就有了“南木特尔”戏。

比隆村的藏戏传承是口耳相传，长辈教晚辈，每年春节期间，村里都会召集大家一起学习准备演出。当地村民基本都会唱藏戏，并在各村进行巡回演出。2009年该村推出的《文成公主》，被列为藏族八大藏戏之一。近年来，比隆村先后排练并演出了《文成公主》《苏吉尼玛》《格萨尔王》《地狱救妻》等群众喜闻乐见的众多藏戏，以其独特的艺术表现形式和完整的故事情节，赢得了群众的一致好评，并成为当地民族文化艺术领域的一朵奇葩。

此外，比隆村还有一个绝活，那就是龙鼓舞。

苏志村

【古渡口的“大力水手”】

要想从循化县查汗都斯乡苏志村穿越黄河，现在变得轻而易举，从公伯峡水库的大坝上即可信步而过，还可以边走边欣赏黄河的壮美，继而通过对岸的草滩坝抵达赫赫有名的马步芳公馆。然而，古时要到黄河对岸去，就只能摆渡，并且苏志渡口以前是循化除伊麻木外的第二个渡口，当时在水上交通方面有很重要的地理意义。

苏志还是一个非常有意思的名字，它在撒拉语中是“水手”的意思。看来，称苏志村为“大力水手”是再恰当不过了。在大多数人面前，黄河总像一只愤怒的狮子，它一路咆哮，无论是在山区还是在平原，它都会肆无忌惮地奔腾。但令很多人想不到的是，黄河留给养育它的青海最温柔的一面，河水清澈，黄河鲤鱼在河里撒欢，尤其从贵德到化隆群科，再到循化清水湾，刻画出一幅绝美的风景画。苏志村就处在黄河最美丽的一段，自然和水有着千丝万缕的联系，村民们对水也有着难以割舍的情感。

根据撒拉族传说，其祖先尕勒莽和阿合莽率其部众，牵了一峰白骆驼，驮着水、土和《古兰经》离开撒马尔罕，向东迁徙，辗转到达循化，见这里地平水好、草场广袤、森林莽莽，遂定居下来，组成了撒拉“八公”，苏志为当时“八公”之一，即苏志公。

苏志村的先民们在为村落选址时展现出聪明的一面，村落坐落在黄河之滨，水源充足，给村里农田灌溉、人畜用水提供了极大的便利。任何事物都不可能一成不变，始建于元代的苏志村也不例外，在700多年的沧桑历史中，历经了创建、兴盛、衰落和现代大发展四个阶段。这里的撒拉族民居建筑一般为一户一院，院内由厢房、配房、伙房、仓库、大门等建筑组成，建房以间为单位，基本为中国北方最经济、便通、采光合理的三或四合院式布局，紧贴围墙布建房屋，院中留有空间，并建有花坛。村内大小巷道纵横交错，村民来往十分便利，村里大小古树枝繁叶茂，象征着苏志村历史的悠久，仿佛一个个年迈的老人，守望着这个古老的村落。

苏志村清真寺是典型的明代建筑风格，距今已有300多年的历史，对研究撒拉族历史、文化艺术、宗教制度具有重要意义，同时也是苏志地区穆斯林群众重要的礼拜场所。苏志村清真寺融合了汉、回等民族的艺术特点，表现出多元的建筑文化和装饰艺术风格，它以中国传统汉式殿宇式建筑风格为主，采用院落式对称布局，沿中轴线有次序地布置各建筑物，形成完整、对称的空间序列，有照壁、邦克楼（宣礼楼）、礼拜殿及学房等建筑。主大门开在东侧，进大门即是邦克楼，由此将全寺的中轴线转向大殿，充分显示出中国传统建筑注重总体艺术形象的特点。1988 年 9 月 15 日，该寺被青海省政府公布为省级文物保护单位。

在苏志村，迄今还保留着敬献“羊背子”等古老的突厥民族婚礼习俗。这些习俗在突厥民族后裔的生活中已绝迹，却在时间和空间上远离突厥文化圈的撒拉族风俗中得以传承，因此它们是研究突厥古代文化的活化石。

苏志村撒拉族的婚礼全在隆冬举行，除了这个时节农活少、人手闲、粮油足、肉类肥又好储藏外，主要还是人员全，所有外出的人均已陆续返家。过去，撒拉族一般实行早婚制，女 9 岁，男 12 岁，就要承担婚嫁的“非日则”（神圣的天命）。从此，阿娜们（女孩们）不准出大门一步，只能整天待在闺房绣花或学做茶饭，等待媒人上门说亲。撒拉人不论男女，均以做媒为荣，认为每成全一件婚事，就等于积了立一座“米那勒”（宣礼塔）的功德。

订亲时，男方先给阿娜送一对耳环，表示“系定”，不再许给他人，几天后再送去一条围头的黑纱巾，算是正式订亲。订亲全由父母做主，但必须征得近亲们的同意，其中阿舅的意见尤为重要，送彩礼时声势虽大，但礼并不多。送彩礼的人少则二三十人，多则八九十人，均为男性。一般人家，彩礼仅有细衣料一套（缎子或灯芯绒）、粗衣料一套（素布），还有一些化妆品，富户人家则多送一件长羔皮筒。女方给新郎也只回敬一双布鞋和一双绣花布袜。这是因为相传先知穆罕默德的女儿法蒂玛与阿里成婚时，阿里家贫如洗，只有一升大麦、一个手推石磨和一床破旧的铺盖。法蒂玛非常寒心，哭着对父亲诉苦。先知对女儿耐心开导，说人在世上要知足，有这点儿家当就应该感谢真主。法蒂玛听了，转忧为喜。撒拉族人民一直以此为榜样，忠实遵行。

婚礼一般在黄昏举行。仪式开始后，先由女方的长辈在庭院里给新郎戴上新帽，系上绣花腰带，再进上房，由已婚的至亲陪伴，面对阿訇坐在炕上的木凳上。这时岳丈问新郎:“我女儿已许配给你了？”新郎点头允认，然后阿訇起诵“尼卡亥”（证婚赞词），把盘中的红枣、核桃分撒给室内外的亲友，婚姻算正式准认。

阿娜出嫁这天，至亲好友、左邻右舍的男女老幼纷纷赶来，坐在新娘身旁，一边看长辈给新娘梳妆打扮，一边专心致志倾听阿娜哭唱《撒赫稀》（即哭婚调）。到掌灯时分，梳妆好了的新娘，由至亲长辈二人搀扶，哭唱着缓缓退出大门，在门前的场院里绕走三匝，徐徐撒完一把粮食，象征家中五谷丰登，到婆家生根发芽，然后坐上新郎家送来迎亲的骡马，戴上面纱，由至亲中已婚的两名妇女陪伴，其他亲朋簇拥，浩浩荡荡直奔婆家而去。这时，女方村里早先嫁到男方村庄的妇女们，端着一盘盘香喷喷的“比里买亥”（油拌的面食），在村外的道旁热情迎接，并通风报信，密告本村“挤门”的情况，使送亲者有个准备。

此刻，在新郎家的大门口，村里的小伙子们挽袖露臂，准备“挤门”——阻挡新娘入门。送亲的一方认为，这一天是新娘一生中最宝贵的日子，应该足不沾尘，由长辈直接抱入洞房；迎亲的一方却认为这样会有损新郎的身价，以后难以使唤和驾驭新娘，硬要新娘步行。于是你冲我堵，兴高采烈，大喊大叫，互不相让，以致送亲的人要把新娘带回去。但不用担心，经长者对本村嗔怪一顿，对送亲者和颜悦色地赔个不是，客人们和好如初，返回上炕入席。

新娘就餐前，由至亲长辈做一番美好的祝福，然后用筷子揭开新娘的面纱，撒拉语叫“巴西阿什”。这双象征吉祥的筷子，新郎家一定要破费收回。餐毕，新郎家的妯娌们端一盆净水，前来向新娘索取喜钱。她们用筷子或手搅动盆里的水，让新娘把铜板丢在水中，象征婆家清白似水，愿新娘深扎根，结硕果，撒拉语称之为“盖吉尔桥依”。

这时，年轻人纷纷起来，把新郎的父亲、哥哥、阿舅捉住，满脸涂上锅灰，头戴破草帽，眼挂空心萝卜镜，用木棒抬起，或让其骑牦牛转圈，热闹非凡，直到讨得一笔可观的喜钱方才罢休。

接着就开始表演“骆驼戏”“宴席曲”。第二天，在大庭广众下，娘家陈列陪送新娘的嫁妆，大伙儿一一观赏新娘精心刺绣的鞋袜、枕头等，并让其给新郎的至亲长辈们拜礼。为了表达对新娘家长及至亲们的深情厚谊，男方也拿出一部分钱财，予以酬谢。撒拉族婚礼中保留的《堆依奥依纳》，是一出以民族迁徙史传统教育为主要内容的带有一定话剧特点的民族舞蹈，20 世纪 50 年代以前的婚礼中尚有保存，但是由于社会变革，婚期缩短，这种表现形式已不复存在，只有一些老年人尚有记忆。

撒拉族婚礼仪式在清乾隆年间编撰的《循化志》一书中有较为详细的记载，200 多年来，整个婚礼仪式程序未有太大的变化，传承体系较为完备，对研究撒拉族文化史有重要价值。

三兰巴海村

【白骆驼醉倒的地方】

层峦叠嶂的拉木峡谷可以说是一个魔鬼路段，到处的急弯让人提心吊胆，山上怪石嶙峋，似乎随时有砸到头上的危险，相随相伴的河里流淌着赤红色的水……要是冬季下雪，拉木峡的道路就会封闭，因为那里的冰雪很厚，没有人能够从那里走出来。

不过，如果是纯粹看风景，拉木峡还是不错的，尤其是那里的丹霞，特别不同凡响。

从西宁市前往循化县街子镇三兰巴海村，就必须走拉木峡，出了拉木峡，就是巍巍的积石山，苍劲的松树和笔直的白杨树如哨兵般昂首耸立。

黄河岸边，山花烂漫。在黄河谷地，有这样一条河流，它自南向北潺潺流淌，最终汇入黄河，是构成村子肌理的重要特征。在它的两岸是一个个有着少数民族特色的村落，其中影响力最大，经济条件最富裕的就是三兰巴海村。

行走在三兰巴海，俨然画中游：排排民居错落有致，宽敞的村文化广场，一栋栋装修漂亮的砖瓦房，一道道整齐的砖院墙，一条条整洁干净的硬化路，一个个具有民族特色的“撒拉人家”。

三兰巴海村与邻村没有明确的分界线，如果不看门牌，真的会分不清是哪一个村子的，因为一样的路，一样的民居，一样的小桥流水，一样的高墙小院。

三兰巴海村的撒拉族庭院围墙四角顶放置着白石头，紧贴围墙布建房屋，整个庄廓建筑由厢房（北房）、厨房、圈房和大门组成。厢房是庄廓的主体建筑，从高度、方位、建材、结构、尺度、功用都有别于其他房屋建筑。厨房建在厢房的左侧或右侧，圈房一般靠大门而建。

撒拉族古建筑的建筑艺术，突出地体现在建筑布局、木作砖雕、瓦作砌石、编笆技艺中。特别是古清真寺的砖木雕饰，表现形式多样，文化内涵丰富，制作工艺精美，风格独特，展现着撒拉族社会历史、政治经济和文化生活的多样性。尤其是骆驼泉内，明清时期的篱笆楼更是体现了撒拉族先祖的人居条件，具有极高的保护价值。

三兰巴海村因地少人多，在这里可以说是寸土寸金，因此，三兰巴海民居院落都非常小巧。麻雀虽小，五脏俱全。其内部都是精致的房屋，显得非常整洁。撒拉族民居最大的特色就是房檐和门头上精美的花槽，一般民居为7道，有的为11道，由于每道花槽的宽度为10公分左右，为了能够体现房屋的精美，保证室内光线充足，因此，撒拉族民居房屋就显得特别高大。

在三兰巴海不得不提的便是位于街子河西岸的奥图斯山，意为“火坡”。它火红的山体在阳光的照耀下特别显眼。透过这静谧的小山，一个关于撒拉族的美丽传说出现在我们面前。

相传在700多年前，中亚撒马尔罕地方，居住着一个创建过英雄业绩的部落，他们是乌古斯撒鲁尔的一支。内有尕勒莽和阿合莽兄弟二人，因他们在部落中威望很高，便引起撒马尔罕国王的忌恨，千方百计陷害他们，决心要置他们于死地。兄弟二人得到先哲的启示，率领十八个族人，牵了一峰白骆驼，驮着一罐清净的故乡水，装上一袋故乡土，还带了一本《古兰经》，毅然离开了撒马尔罕，向东进发，去寻找新的乐土，最终到达奥图斯山，来到了美丽的循化，白骆驼也在骆驼泉旁化作石骆驼……

骆驼泉是撒拉族之乡传说中的一处圣迹，当地人为了保护骆驼泉，在泉边修建了围墙和铁栅栏，围墙内种上了松柏、果树和鲜花，还在园内泉边雕刻了三座不同形状的大型骆驼石雕像，修建了水榭和亭阁。

如今的骆驼泉，周围是浓绿的芦苇丛，垂柳、榆树枝繁叶茂。鲜红的月季、傲立的八瓣梅、幽然的丁香花，香飘四溢。汩汩泉水从地下渗出，指尖轻触，清凉顿时沁入心扉，闭上眼睛，似乎还能听得到远处传来的驼铃声，那正是撒拉族先民从中亚向循化徐徐走来的声音。

因为美丽的骆驼泉的传说，撒拉族民间有一个舞蹈，叫《堆依奥依纳》，即“骆驼舞”。这个舞蹈不但有完整的故事情节，固定的人物、服饰和道具，而且舞蹈动作以丰富的内涵向人们叙说着撒拉族先民东迁历程之艰难。舞蹈动作中尤为特殊的是，没有任何音乐伴奏，而是“骆驼”的扮演者用手上绑着的铜铃按“骆驼”的脚步节奏摇出声响。

相比撒拉族庭院的静谧，异常忙碌和热闹的应该算是特色农家院了。三兰巴海村因为有骆驼泉的美丽传说，有珍贵的《古兰经》手抄本，慕名而来的游客逐年增多，厨艺绝佳的撒拉人瞅准商机，发展起了农家院，做

起了撒拉宴。

特色鲜明的餐饮业和醇厚朴实的民风民俗，是撒拉族农家院带给我们的第一印象。撒拉族对美好生活的追求，不仅体现在他们敢闯敢干、不屈不挠的创业精神上，而且体现在撒拉人家独具特色、花样繁多的美食上。

团结村

【黑大门里暗藏玄机】

假如你们家修建宅院，只有两种大门供你选择：黑大门和红大门，你会选哪一个？哈哈，这道题没什么玄机，相信每个人都会有自己的选择，也就是说，黑大门和红大门的选择几率都是50%。

但是，在循化县街子镇团结村，却是另一番景象，每家每户的大门都是黑色的，难道这里的村民审美取向都一样？

虽然和三兰巴海村相邻，但是团结村却明显有些寂静，寂静得让人无法相信这里与骆驼泉仅有不足500米的距离。走进团结村，有关黑大门的故事逐渐浮出水面。

原来，撒拉族先祖有六门八户，其中在团结村就有一门两户。原先这两户是合为一户的，由于兄弟分家，才变成了两户，其中一户为旱坝，意为旱地上的坝口，另一户为黑大门，可能这家大门是黑色的。兄弟两人分家后，各自繁衍生息，并慢慢形成了旱坝和黑大门两个村落。在半个世纪前，旱坝和黑大门在合作化时期并为一村，故名团结村。

说起黑大门，村子里流传着这样一个故事：兄弟俩分家后，原有的黑色大门分给了旱坝，而新建的院落就要重新制作大门。大门建好后，主人突发奇想，将当地特有的红土和成泥，涂于大门上。这样，涂红的大门不但美观，而且大气，主人也为自己这一举动而感到自豪。可是这一举动竟惊动了官府，因为在当时这样的红大门只有官府才能建，平常百姓家是不允许的。县衙遂差人前往红大门所在地查看究竟。有人得知这一消息后，便赶在官府差人到来之前将这一消息告诉了红大门的主人。主人一听将要大祸临头，就和族人刮下锅底的黑灰，涂到了红大门之上，这一涂，红大门瞬间又变成了黑大门。当然，之后官兵所看到的也就是人们重新涂过的黑大门了。从此之后，该院落也就有了一个新的名字——黑大门。如今，这个“黑大门”仍然存在，只是由于年代久远，少了往日的恢宏。

踏进团结村这片神奇的土地，你会目不暇接、百看不厌，更令人神往的是富丽堂皇，融古朴、精巧为一体的撒拉族庭院建筑文化，在这里你会感受到久远的亲情和温馨，回归大自然的魅力。

首先让我们来看一座传统四合院。四方的院落中间，别致的双层花坛中满是开得正艳的月季，花香阵阵。撒拉族人的住房大多为平顶的土木结构和砖木结构，四周围以土墙，称庄廓。庭院里设太阳能灶，空地栽种果树、蔬菜，有的还建有小花坛，显得很有生气、美观、整洁。主房坐北朝南，外部大梁及檩子上的木雕十分精细，撒拉族人称为花槽，花槽一般五至七道，多的十几道，有的是几何图案，有的是植物图案，层层叠叠，千姿百态。

由于循化县地理位置、自然概况、气候条件优越，盛产瓜果和一些特产，也可以说，拿一把种子撒出去，就可以生根发芽、开花结果，于是撒拉族在历史的长河里不自觉地形成了爱花、种花的习惯。花是美的象征，在撒拉族庭院里，即使没有地方，阳光照不到，也要把土背到门庭上种花。久而久之，这种爱花的审美观就用到了建筑上。夏天花败了，冬天怎么办？冬天的“花”在房顶上开着。北房是撒拉族居住的主房，所以这间房子就将砖雕和木雕结合起来，看似繁花似锦，这实际上也是中国明清建筑的一种文化。

在团结村，撒拉族刺绣还会将你带到另一个意境。撒拉族刺绣是撒拉人以勤劳和智慧创造的一门艺术，不仅形式多样，工艺精湛，更因其丰富的内涵而大放异彩，没有文字的撒拉族，天才地运用了刺绣来表达民族迁徙、民族生息繁衍的历史，再现民俗风情，寄托其精神向往。

撒拉族刺绣源远流长，集传统文化、风俗、地域特征于一身，是一种民间习俗，具有独特的民族风格和技巧。在过去，撒拉族不论家境贫富，大姑娘、小媳妇们都要学习刺绣。农闲时她们三个一堆，五个一群，或坐在树下，或坐在热炕头上，以针代笔，以线代色，在每一件生活用品上都施之以智慧，倾注着感情，巧手绣出一件件精美的刺绣作品。

让人想不到的是，撒拉族女孩学习刺绣的初衷，只是为了把自己风风光光地嫁出去。因为在当时，一个好女子只有学会了缝纫、刺绣才有资格出嫁，或讨得男方的欢喜，所以大多数女孩从10岁左右就开始学习各种刺绣技艺。

当然，她们是没有专门的老师的，主要是通过家传，从母亲或奶奶熟练的针线刺绣中，或从互相之间的交流中得到启发和培养，并得以延续下来。女孩子在少年时就受到了家庭的熏陶，从小学习刺绣，在实践中不断积累经验和技能，从简单的牡丹花、荷包开始，渐渐将花鸟鱼虫、山水人物一一练习到熟透，等到十六七岁出嫁时，就已经掌握了一定的刺绣方法和技巧，在不同的底布上按照自己的兴趣爱好，绣出自己所喜欢的各种图案，特别是给新郎做的枕套、布鞋、鞋垫等就更加细心。

五彩线绣出的一朵朵娇艳的花朵，一片片青翠的绿叶，在姑娘媳妇们简单的重复、对称中体现出古朴、美观、大方的风格。其中，枕头顶最为重要，最为精彩，而且最吸引人，摆在家里赏心悦目，具有浓郁的民族文化气息。

如今，在撒拉族的故乡，撒拉族刺绣再度受到格外的关注，这种传统的刺绣技艺大多出自农村居家妇女之手，撒拉族艳姑学到一技之长的同时，还成功地挽救了循化濒临绝迹的刺绣技艺，使之焕发出骄人的光彩，受到众人的喜欢，可以说，撒拉族刺绣是妇女们表达情感时创造的艺术品，也可以说她们都是刺绣艺术家。

2006 年，北京奥运会吉祥物福娃公布，撒拉族妇女们精心创作出的撒拉族刺绣《福娃》，在 2008 年北京奥运会上亮相。同年 5 月，撒拉族刺绣经国务院批准，列入第一批国家级非物质文化遗产名录。近年来，撒拉族刺绣更是频繁参展于中国西部文化产业博览会、青海省民族文化旅游节等，深受国内外游客的青睐。

西沟村

【古河道诉说的沧桑】

西沟河最终挣脱了大山的束缚，像一匹脱缰的野马自由奔去，奥图斯山被气红了脸，但也只能眼睁睁地看着它在山沟里另外开辟了一条前进的道路。就这样，西沟古河道里大大小小的鹅卵石都探出头来，窥探着那座已经成为摆设的桥。

其实，奥图斯山也很清楚，西沟河之所以裸露出古老的河床，就是想要讲一讲循化县积石镇西沟村这个古村落的沧桑故事。可惜的是，这道古老河床的听众只有鹅卵石，就连羊群和鸟儿也不愿到它跟前来。

我应该是西沟古河道最忠实的听众，看着它历经数百年的沧桑岁月，我就知道它在说什么。西沟古河道说得没错，建于清代的西沟村是一个非常精彩的地方。

平均海拔 2340 米的西沟村距离县城不过 3 公里，却深藏于山谷之中。西沟村由大庄、上庄、平庄、高志四个自然村组成，分别坐落于西沟河两侧，沿西沟河道成带状分布。可以说，西沟村也是一个依山傍水的好地方，况且周边那些丹霞还是有些姿色的，那为什么西沟古河道不说西沟村美，非说是精彩？

慢慢品味西沟村，你才会对西沟古河道所说的精彩有一个更深刻的理解。西沟村虽然是一个起初放牧，逐步定居而发展形成的村落，但现存的传统建筑仍然集中连片，有相当一部分为上世纪六七十年代的撒拉族古民居。这些建筑多为土木结构，飞檐斗拱，雕梁画栋，房屋前檐雕刻的花草更加显现出民俗文化及特色，雕刻花草以道数计算，7~21道不等，充分体现着撒拉族民俗文化中真、美、善的一面，还体现着撒拉族热情好客、欣赏美、崇尚美的文化元素。这是西沟村带给我们的第一个精彩。

准确地说，西沟应该叫细沟，因为这里有一条又长又细的沟，西沟村就处于西沟冲积两山的峡谷中，山上草场广阔，四个自然村沿细沟依山而建，村居最大落差在一百多米，其中高志村依山而建，占据在山坡上。西沟村的四个自然村都有清真寺，其中大庄村清真寺宣礼楼建于1949年前，为三层砖木结构，砖雕和木雕可谓精品之作。宣礼楼前的两棵大榆树，树龄约300年，树冠覆盖着清真寺大门，是宣礼楼前乘凉的好地方。这是西沟村带给我们的又一个精彩。

而西沟村带给我们的最大精彩，则是被列为非遗项目的撒拉族民族服饰。

撒拉族男子的传统装束多是身穿羊毛褐衫，束长布腰带，足蹬牛皮缝的“洛提”鞋，里面絮草保暖，晴雪两用。现在，撒拉族青年男子春夏穿宽大的对襟白色短衫，外套无领黑色短坎肩，即所谓“白汗褡青夹夹”，着长裤，束长布腰带，右腰围一绣花布兜，戴黑色或白色平顶圆形或六牙布帽，喜穿绣花布袜；冬衣多为对襟棉袄或无布面的羊皮袄。老年人多穿长衫，撒拉语叫“冬”，做礼拜时头缠“达斯达尔”。

撒拉族妇女喜欢穿颜色鲜艳的大襟花衣和长裤，外套黑色坎肩，佩戴长串的耳环，更喜欢戴戒指和手镯或串珠，鞋袜上绣有五彩花纹。除女学生和小孩以外，几乎所有撒拉族妇女都戴有盖头，盖头是由伊斯兰教妇女所戴的面纱演变而来的，用绸布将头、脖颈盖住，仅脸部外露。妇女们盖头的颜色是不同的，有绿色的、黑色的，也有白色的，从颜色上大体能分辨出她们的年龄和婚姻情况：一般未婚者为绿色，已婚者为黑色，50岁以上或亡夫者则戴白色盖头。不过现在的年轻姑娘都很少戴绸布盖头了，代之以漂亮的尼龙丝巾。只有中老年妇女依旧保留着固有的穿戴习惯。在清末民初，撒拉族妇女在劳动时都用青布缠头，在喜庆节日还披宽敞而带有花边的披风，未婚女子梳一条或两条辫子，结婚时将辫子在头上绾起。

怎么样？是不是长知识了？那就接着往下说。

撒拉族服饰有两个特点：一是服饰的伊斯兰教色彩，二是与回、藏、汉等民族服饰相互影响及融合。不过，撒拉族服饰大体与回族相同，区别在于上衣一般较为宽大，腰间系布。

由于受伊斯兰教文化的影响，撒拉族老年人做礼拜时，头缠数尺的白布，称“达斯达尔”，身穿称为“仲拜”的服装。婴儿一降世，就会给其穿上无领无扣的白色衣服，意味着清白纯洁地来到人间。孩子会走路时，女孩穿花衣服、扎辫子，并在脖颈上挂一块三角形白护符，里面装有避邪驱鬼的经文。还有就是过去撒拉族男子还要系绣花围肚。

好了，撒拉族民族服饰表演结束了，我们下面就去高志岗卡约文化遗址看看，这个在高志村西山岗上的遗址，出土过精美的陶罐，也许它们还会给我们讲讲3000多年前的西沟是什么样子……

瓦匠庄

【差点儿成为县城的地方】

如果不亲自去探访，有很多事情就会深埋于历史的沙尘里，永远不见天日。循化县积石镇瓦匠庄村，就是这么一个埋着秘密的地方，它还差点儿成为县城所在地。

如今的瓦匠庄村，和循化县城的距离仅仅一公里。村民们说起这一公里的故事，至今唏嘘不已。清朝年间，兰州总督修建循化城时，请阴阳道人前来测算县址，首先就看中了瓦匠庄这片地方，但后来又发现，该地南面有一个垭口破坏了这里的风水，故而将原址向东移了一公里。就这样，瓦匠庄村就和循化县城有了一公里的距离。

虽然没有成为县城，瓦匠庄村照样风光无限，走出了不少历史名人。1949 年前，瓦匠庄村有一所循阳中学，是民国时期创办的初级中学，曾有文人高凤祥、绽秀、常明道等人在这里就读，原国民政府军政要员绽世良、绽福寿、马自祥、郭乔武等人也就读于该校。1949 年后，该校还培养出了全国著名体育运动员马明善，他曾任国家摔跤队教练，后成为中国摔跤队十大教练之一。

单从地名来理解，瓦匠庄村应该是瓦匠们聚集的地方。事实也是如此，瓦匠庄村意为工匠之村，因村内泥瓦匠、烧瓦匠等手工艺人众多而得名。至于村落的形成，还是和那次的县城选址有关。既然当初能把这里作为县城选址的首选，瓦匠庄村肯定是一块风水宝地，尤其是村北的“蛤蟆泉”，泉水清澈甘甜，被当地人视为神泉，并且泉眼周围是一大片湿地，到现在还是海东市最大的生态湿地。清乾隆年间，陕甘回族走西口，其中高姓、绽姓两户人家就走到了这里，听说这里差点儿被选为县城，又看到这里土地肥沃，水草丰美，得！就住这里吧。于是，两户人家就在这里过起了男耕女织的田园生活，随后汉族孙、马姓两户也来此定居。于是，瓦匠庄村从最初的 4 户人家发展到了拥有 2300 余人的大村落。

在修建庄廓时，孙姓、马姓汉族头人也请道人前来测算住址，并按道人指点，村落以阴阳八卦图的方位来布局建房，意为顺天尊法，风调雨顺，丰衣足食，安享太平。不知是风水灵验，还是人们勤劳，反正从此以后瓦匠庄的村民们过着丰衣足食的幸福生活。

纵观历史，循化县境内的骆驼泉是伊斯兰教传入的历史见证。据史料记载，明洪武三年，中亚撒马尔罕地区的撒拉族先民东迁至循化境内街子地区定居后，遂将伊斯兰教传入循化，后有中亚土库曼斯坦、乌孜别克斯坦等地的苏菲传教士陆续传教于此。瓦匠庄自建村以来，出了一位苏菲大师，此人名叫高六十七，1865 年出生于一个穆斯林家庭，此人自幼聪慧，勤奋好学，曾就读于本庄清真寺学习阿文知识。青年时期，此人成为一名学识较深、品行良好的阿訇。

高六十七阿訇年至 28 岁，因清廷危殆，时局动荡，满清政府为挽救危亡之国势，在各地征抓壮丁，遂将高六十七阿訇等人抓为壮丁东下布防。高六十七阿訇等行军至陕西汉中，途遇一位病危的中亚伊斯兰教苏菲传教士，就将该传教士接到营地，请医治病，细心照料，在此期间，该传教士将伊斯兰教苏菲神秘主义教理悉数传授给高六十七阿訇，并将传教衣钵（印章、委托书、苏菲经典）授给高六十七阿訇，嘱托其将伊斯兰教苏菲真道教理发扬光大。

高六十七阿訇与中亚传教士分别后回到家里，一生远离人群，隐居家中，潜心苦修，到老年时终得苏菲真道，成为一代苏菲大师。

高六十七阿訇品德高尚，修为高深，不敛钱财，乐善好施，其弟子遍布陕西，宁夏银川、吴忠，甘肃临夏、积石山，青海化隆、民和、湟中、大通等地，人数达 10 多万人，和平解放宁夏的原国民党宁夏省主席马鸿宾就是高六十七阿訇的得意门徒。

高六十七阿訇去世后，广大弟子和后人为纪念其功德，在村内为其建造一座伊斯兰教苏菲陵园。陵墓为中国传统式砖木雕花结构，飞檐斗拱，雕梁画栋，砖雕、 木雕工艺精致，青砖灰瓦与木雕交相辉映，气势古朴典雅，成为当地一处较为珍贵的县级文物。

民国时期，瓦匠庄村曾有一个“吉福祥”的商号十分了得，经商地遍布西北各地以及上海等地，其家族崇尚教育、经商，族人品行良好，在当地群众中口碑较好。1950 年中国人民解放军王震大军西进解放循化时，其家族主人马瑞斋组织县城商贾、开明乡绅，拉牛挂红，到循化县城东门土门子桥迎接王震大军，欢迎人民解放军解放循化。马瑞斋将其家族多年经营积攒的黄金、银元、珠宝全部捐赠给王震大军，为循化人民的解放事业做出了一定贡献。为此，马瑞斋被王震将军任命为循化县第一届人民政府副县长。现在，“吉福祥”这座清四合院故居仍保存完好，特别是门道走廊内的一面砖雕花

墙，堪称“循化一绝”。

最后，咱们去蛤蟆泉好好瞧瞧。蛤蟆泉又名神蟾泉，如今这里已成为瓦匠庄村生态湿地公园，是循化县九十四个旅游景点之一，也是循化县的两大名泉之一。相传远古大禹治水时期，循化等地是一片汪洋之水，称之为西海。后洪水泛滥，大禹到此治水，由于积石峡阻塞，洪水无法疏通，淹没了下游百姓。此时玉帝下贬到西海的仙女玉媛变为癞蛤蟆在此等候大禹，帮助大禹治水立功赎罪，大蛤蟆用神力凿通积石峡，汪洋大水倾泻而下，显露出青藏山川之地，循化也成为一片沃土，癞蛤蟆准备返回天庭时，看到这里竟是一片美丽之地，随即摇身一变钻入一汪清泉之中。该泉因神蟾化入泉中而得名神蟾泉。泉边水草丰茂，泉水潺潺，鸟语花香，景色宜人，是游客休闲、旅游的好去处。

上科哇

【这里有一个缩小版壶口瀑布】

从夕昌沟往下游行走就是科哇河，沿着科哇河继续往下游行走，虽然一路坎坷，但也是一路的山水风景。当最终抵达循化县白庄镇上科哇村时，猛然发现整个村落就像是一股巨大的洪流在山谷中奔腾——因为错落的房屋和浑浊的水色已经没了区别。更难得一见的是，上科哇村还有一处瀑布，简直就是缩小版的壶口瀑布。

上科哇村的这处瀑布有一个特别的名字：拉不藏瀑布，它位于上科哇中心往西约一公里处，瀑布落差十多米。科哇河流经上科哇村时，向人们秀出它最疯狂的舞姿，在最终汇入清水河之前，把自己弄得浑身都是黄色的泥沙，先是在巨大的青灰色鹅卵石中间翻滚，如同孙悟空被念了紧箍咒，把大地都砸出一条深深的印痕，浑浊的河水便开始肆无忌惮地往下游而去。

当流到村西时，意犹未尽的科哇河纵身一跃，在怪石嶙峋的山石间形成一个不大不小的瀑布，无论是声势还是颜色，都和壶口瀑布高度相似，所以就称它为缩小版壶口瀑布了。

上科哇村位于循化县城东南约 21 公里处，这里已经开始脱离青藏高原的束缚，将自己的脚伸向黄土高坡，所以这里的气候还算不错，全村 3000 多亩耕地大都种植了冬小麦，而青海很多地区，因为冬季过于寒冷，只能种植夏小麦。

之所以能够入选中国最美传统村落名录，是因为上科哇村整体传统风貌保存较好，传统民居类型多为一层四合院式平顶房，设计精巧美观。村民们喜欢在房檐廊壁雕刻花草，建筑材质多以白松和油松为主，四周围墙为土墙，当地人称为庄廓。庄廓中间有庭院空间，分正房和偏房，由堂屋、厨房、圈房和大门组成。

在上科哇村，明清和民国年间的建筑遗存较多，建筑布局为中国北方四合院式，土木结构的平顶房，庄廓墙是用封闭的黄土夯实而成，墙体横切面呈底厚顶薄的薄梯形。值得注意的是，这里虽是撒拉族聚集地，建筑却仿藏族习俗，围墙四角顶放置白石头。这和上科哇村的形成有关，据说一位很有威望的伊斯兰教学者和他的学生游学到此，看到这里风景优美，水草丰美，就在这里定居下来，后来跟周边藏族通婚，慢慢就形成了上科哇村，所以这里又是多民族文化的交融地。

历史的发展决定着民居形式的改变。如今这里的民居正朝着高层性、牢固性、文化性、艺术性、娱乐性、旅游性等综合方向发展，新建的房屋用砖也变成了红砖、空心砖、瓷砖等，大门也变成了双扇铁门，檐面雕饰更加精致奇丽，室内还铺设了地毯，增添了现代化的家具。

村里的科哇清真寺为明清时期所建，为砖木青瓦混合结构。和其他地方的清真寺一样，科哇清真寺由中国传统建筑殿堂式礼拜殿、六角攒尖楼阁式唤礼楼、单面坡南北配房等建筑体座组合而成。它们历经数百年的沧桑历史，迄今还保留着原始的建筑形态和古建筑风格。最引人注目的是清真寺门前的那棵古树，周长有 5 米，高约 21 米，据记载这棵参天尖尖杨，是当地人到阿拉伯麦加朝觐时从新疆带来栽植的，至今已有数百年的历史。

上科哇村的拿手绝活是口弦制作，撒拉族群众又称口弦为“口细”，而在土库曼斯坦则称“扩布尔”，是撒拉族现存唯一的传统民间乐器，也是全世界最小的民间乐器。口弦长不足一寸，重不到五克，是用铜制成的手工制品。据传，先知穆罕默德的外孙哈三和胡辛双双阵亡沙场，其母哈其麦悲痛万分哭哑了嗓子，于是就用弹奏口弦来纪念。

过去，撒拉族男人们常因徭役支差、扳筏经商、从戎出征而远离家乡，妇女们牵肠挂肚，惦念不已。每当深夜人静，妇女们便不约而同地相聚在一起，尽情吹弹“口细”，使满腔的忧愁、焦虑、思念一泻而出。随着岁月的推移，口弦成为人们随身携带、聊以自慰的伴侣。它以其悦耳动听的音质，倾诉着撒拉人的喜怒哀乐。过去，撒拉族群众结婚时，男女双方都不认识，洞房之夜便以口弦在枕头边的弹奏作为初次见面时的交流，故本民族也把口弦称作“枕头琴”。今天，口弦仍是撒拉族青年男女倾吐爱慕之情的主要媒介之一。口弦的制作程序复杂，由于其原生态环境的逐渐散失，目前已濒临自然消亡的边缘。

“打蚂蚱”是上科哇村撒拉族青少年酷爱的一种体育运动，每逢农闲时节，三五成群的孩子们来到占地较大的场地，一边欢歌，一边“打蚂蚱”。

“打蚂蚱”的器具是“蚂蚱”和拍板。“蚂蚱”由长约7厘米，粗约2厘米的木棍两头削尖而成；拍板约70公分，扇形，似大刀，用木板做成。比赛方法分单打和双打，在确定场地后，就地画一个直径约两米的圆圈为雷区，并商定比赛板数，先达到预定板数者为胜利。

比赛时，将“蚂蚱”放在雷区内任意地方，拿拍板击“蚂蚱”一头，使“蚂蚱”弹起，在落地前，用拍板将“蚂蚱”拍出雷区，将“蚂蚱”击出雷区边线有效。拍打中拍板脱手为犯规，丧失进攻权。攻方在雷区将“蚂蚱”击出，在“蚂蚱”落下前，守方在跑动中设法将“蚂蚱”接住，接住“蚂蚱”就取得攻击权，否则，得将“蚂蚱”从落地处掷向雷区，投进雷区，双方互换攻守位置；如果掷不中雷区，攻方用拍板将“蚂蚱”拍向距离雷区更远的区域，然后用拍板丈量“蚂蚱”与雷区的距离，先达到规定板数者为胜。最后胜者罚负者单腿跳一段距离，或表演节目。

上科哇村还有一个撒拉族青少年普遍喜爱的体育活动——打缸：先在地上画一条一米长的横线，中间立一块石头或砖块为靶，靶前三至四米处画一道直线，比赛时把石头放到脚、头、膝、手、肩、腿下打向石靶，并要求把石靶打翻。有右侧打、正打、立打、平打、背打等各种动作，最后以动作熟练程度和完成的快慢及打翻石靶的数量多少决定胜负。

【高墙大院里的撒拉盛宴】

下张尕

高墙大院是循化县白庄镇下张尕村留给我最深刻的印象，这里每家每户的土墙都非常厚重，大门就像在黄土高坡上开出的一个洞，显得那么渺小。而墙角处，则是高大的树木。这些高墙大院，却挡不住撒拉族美食、文化盛宴的香气四溢。

进入夏季，张尕河水陡然猛增，冲刷出大面积的河滩，下张尕村就建在这河滩台地上，四周被麦浪包围，田间也是一排排的树木。走出河滩远望，包裹下张尕村的群山卓尔不凡，稍有一些地理常识的人都知道，那些山是尚未发育成熟的丹霞地貌，它们透出的红色，似乎是专门为下张尕村的美做幕布的，把整个村落映衬得更加水灵、出众。

“张尕”是循化撒拉族先祖原始八工部落之一，村名也由此而来。因此，撒拉族最原始的文化在下张尕村精彩绽放。就连住房也是典型的撒拉族民居，夯土打的院墙保留着中亚、西亚风格。房屋多为土木结构，但坐北朝南的正房又融入汉族庭院建筑风格，房檐门窗大都有精美细巧的雕花，刷一层清漆，更显朴素美观。

下张尕村整体传统风貌保存较好，村内张尕清真寺始建于明末清初，距今已有400多年历史，寺院占地面积3900多平方米，呈正方形布局，整个建筑为砖木结构，由礼拜大殿、南北厢房、宣礼楼、牌楼大门和照壁等组成。大殿面阔五间，进深五间，带后殿，为宫殿式建筑，殿堂外观为汉式建筑，屋脊中置有宝瓶，两边为无形套兽，内部结构为斗拱式，坐斗为一座大莲花斗，工艺细致。中间龛的两旁各刻有条幅中式经文图案，殿前大梁刻有套环图案，门面画有“松鹤延年”“百禄是福”等各种形式的八宝图案，大殿正中挂有清朝兰州都督赠送的“道冠古今”的匾额。宣礼楼共4层，高30米，形如宝塔，呈六角形，飞檐翘起，中有木梯盘旋而上，登临其上，微风吹拂，村庄、小河、红山由近到远依次摆在面前，好一派撒拉尔田园风光。寺院大门也非常独特，为牌坊式大门。张尕清真寺1988年被定为省级文物保护单位。

既然到了撒拉族的发祥地，就有必要普及一下撒拉族的风俗禁忌：撒拉族忌食猪肉、狗肉、驴肉、骡肉和死的畜禽肉及动物的血；严禁在清真寺内及其附近吐痰或携带污浊之物；做礼拜时，他人不得从前面走过；忌在水井、水塘附近洗涤衣物；与人谈话时忌咳嗽和擤鼻涕；在老人面前不能有失礼的行为；进餐时，忌讳随便拨弄盘中的食物；不要随意靠近锅灶；如果吃抓饭，食用前要洗手。按照伊斯兰教义，撒拉族严禁饮酒，所以在撒拉族的筵席上不备酒，也不允许客人饮酒。

大家注意，一定要记住刚才说的话，因为接下来我们还要在这里品尝丰盛的撒拉族节日盛宴。

撒拉族的节日主要有开斋节（尔德节）、圣纪节（圣忌节）、古尔邦节（宰牲节）。现在我们就去品尝撒拉族各种节日美食，大家别着急，慢慢品尝，至少有二十道你几乎没见过的大餐在等着你呢。

第一道菜：熬头。撒拉语叫“巴西讨拉提”，将牛羊的头、蹄、肺及麦豆一并放进锅里熬一晚，真是最美味的早餐！牛羊的眼睛通常敬给老人，据说以眼补眼。

第二道菜：煮下水。撒拉语叫“依吉瓦格日果依”，这个不用多介绍了吧。

第三道菜：平伙依。汉语撒拉语合成词，意即搭平伙或吃平伙，撒拉族中青年男子素有搭平伙的习惯，平伙的内容通常有两种：一是吃油搅团，一是吃手抓羊肉。

第四道菜：方形油饼。撒拉语叫“牙格尧瓦”，这种油饼是专门用来“看月子”时由娘家送给婆家的，做法与油饼差不多，只是在长方形饼的表面上用特制的木签刺上各种几何图案（主要是菱形），颇有艺术气息。

第五道菜：古古馍馍。用小面团做成菱形或圆形，掺以食油，在大锅里炒熟。

第六道菜：蛋糕。撒拉语叫“优目塔厄麦合”，将白面用碱水揉成面团，不规则地撕下扔进热油锅，炸熟后变成各种蛋糕，撒拉人常用此种蛋糕款待贵宾。

第七道菜：油搅团包子。又叫“目斯日包子”，是撒拉语汉语合成词。先将白面粉在油锅里炒熟为馅，然后包成包子，蒸熟后油乎乎、香喷喷，是撒拉人在婚礼喜庆时普遍爱吃的食品之一。

第八道菜：油搅团。撒拉语叫“毕里玛合”。油搅团有两种：一种是直接用清油炒的面食；另一种是专门给病人和产妇吃的“赞孜毕里玛合”(即碗装油搅团)。

第九道菜：雀舌饭。撒拉语叫“瑟古底里阿希”，白面团精心擀平，切成像雀舌样的小菱形，煮熟后配以肉丁、葱花及椒盐等佐料，常为待客最后一道饭食。

……

怎么样？已经吃饱了？那就喝点儿撒拉族的特色茶吧。有牙合热合茶，意为果叶茶，这是撒拉人昔日的饮料，先将果叶晒干碾碎备用，用时加水熬煮，待水有了果香味即可饮用；有霍斯茶，意为核桃仁茶；有蚂蚁草茶，所谓蚂蚁草，是长在地皮上的一种细碎的小草，开黄花，因其细小如蚁，故名。把蚂蚁草摘下来后晒干，然后用微火干炒，但不能烧焦，再放进砂罐里熬煮，待熬出颜色后即可饮用；还有果子露，将软果摘下来后放进缸里，并置于阴凉处，天长日久，果汁自然渗出，到隆冬时节喝，清凉可口，沁人心脾，还可止咳化痰。

吃饱喝足了，也该和下张尕村说再见了，相信此刻的你肯定舍不得离开了吧！

循化大庄

【难忘那篱笆楼】

穿过茫茫戈壁和沙漠的时候，一只喜鹊出现在枝头，尕勒莽闻听心中一喜：这应该是一个好兆头！自从被蒙古大军攻陷，他和兄弟尕合莽一起带领170户族人朝着太阳升起的地方进发，因为他们坚信，在太阳升起的地方，肯定藏着一个世外桃源。

虽然无数次想象过一路上肯定有颠簸，却不承想是如此艰辛。一千多人里，有不少老人和孩子，眼看着他们一个个即将倒下，嗓子冒烟的尕勒莽万分焦急，却又毫无办法，他还要时不时驱赶一路追随的乌鸦。那真是一群可恶的乌鸦，它们呱呱乱叫，随时准备趁火打劫。

喜鹊的叽叽喳喳确实带来了好运，一条河敞开宽广的胸怀迎接了他们的到来。连同那只白骆驼，大家纷纷把头伸进水里，尽情畅饮着真主赐予的甘露。

这是哪儿？到了太阳升起的地方了吗？尕勒莽四下打望，发现这里水草丰美，确实是一个不错的地方。他赶紧从怀里掏出一个布袋，里面装的是家乡的泥土，他从地上抓起一把泥土放进嘴里，仔细品了品又吐了出来，失望再次笼罩在脸上：这里也不是要找的归宿。

继续前进，向太阳升起的方向，那里才是我们的家园！尕勒莽当时并不知道，他们的目的地距离这湟水源头已经不远了。

又是一个夜幕降临，趟过一条名叫夕昌沟的河流，跨过一座名叫孟达的山，他们将帐篷扎在奥图斯山坡上。尕勒莽拿出带来的一本手抄本《古兰经》，开始了一天的祷告，希望真主赐予他们幸福。

不好了！不好了！白骆驼不见了！正在诵经的尕勒莽吓了一跳，大家能够坚持走到这里，都是这只白骆驼的功劳。于是，大家高举火把四处寻找，一直找到第二天天亮，才发现白骆驼卧在河滩旁的一汪泉眼旁，不过早已化成石骆驼了。尕勒莽拿出从家乡带来的泥土，和脚下的泥土仔细对比，发现竟然一模一样。

这里就是我们要找的世外桃源！于是，他们便定居下来，他们的后代被称为撒拉人。

循化县清水乡大庄村，就是撒拉族的发祥地之一，黄河在这里划出一道美丽的弧线，并留下一个狐跳崖，丹霞掩映中，一座座篱笆楼至今仍诉说着那段可歌可泣的民族史，白云是它们的听众，鸟儿是它们的听众，村前的那棵百年核桃树也是它们的听众……

位于黄河南岸台地的大庄村依山傍水而建，建筑自然就地取材，利用周边充裕的林木、河石，从元代开始就建起篱笆楼、篱笆磨，至明末清初，已建成八大巷区规模的篱笆楼建筑群。这些篱笆楼三五成群连片，或相互对峙，或星罗棋布于村间巷道两侧。

从大庄村南行，就是久负盛名，有着“高原西双版纳”之称的孟达自然保护区，孟达天池就藏在山巅。孟达，撒拉语称为“切子”，意为柴集。最早是撒拉族人取柴的地方。关于孟达天池，撒拉族流传着这样的传说：很久很久以前，清水一带有一个大而美丽的水池，因遭财主莽斯亵渎，池水被触怒，顿时飞沙走石，烟尘滚滚，将财主吞没，天池也消失得无影无踪，只留下一个干涸的沙滩，于是人们到处寻找，来到苍松翠柏、峰峦奇秀的孟达山，才找到了一潭池水，从此人们将其称为“天池”“神池”。当地汉族对孟达天池的传说则不同：明代初年，沿河州卫设立有二十四关，置军守备，以防内外，并结合当地民间巫术文化，分别敕封明代开国功臣李文忠等亡魂为二十四关内外两侧山水地方神。孟达天池临近五台关，封胡大海为湖神，故而汉族群众又称孟达天池为“胡大海池”，另一大将常遇春被封为达里加山池的湖神，两池南北遥遥相对。

孟达山原始森林给大庄篱笆楼的建造提供了丰富的材料。篱笆楼用材多采用青海云杉，楼体木结构多为穿斗式梁柱架，二十九根巨柱布列成网，纵梁九横檩，双条檐檩，两间通檩，密排椽体，以松木薄板条铺成菱形。楼底屋围面以花岗石混草泥砌成围墙，房间正面设置户枢单扇板门，分间隔墙和正面墙地腰部用石泥混合砌墙，再编成细条篱笆墙，笆条材料多取于山林杂木。二层围墙也是篱笆墙，上抹黑土草泥，再抹白土泥，用材轻便牢固，造型美观而又朴实。在青海，篱笆楼是撒拉人智慧的结晶，在其他地方几乎找不到这种建筑的影子。2008 年 6 月，撒拉族篱笆楼营造技艺被列入国家级非物质文化遗产名录。

村中的孟达大庄清真寺，是撒拉族地区最早的清真寺之一，始建于 1480 年，迄今已有 450 多年的历史。初建时建筑用材取于附近一公里的原始森林，砖瓦构件就地建窑烧制。在清朝年间曾四次重建扩建礼拜殿前廊、唤礼楼、南配房、拱北等建筑。这座古老而完整的古建筑，规模宏大，布局严谨，结构独特，雕梁画栋，设计灵巧，砖木雕饰工艺精致，独具匠心。全寺由礼拜殿、唤礼楼、南北配房、两座牌坊门、影壁、拱北、沐浴室等建筑组成，是中国传统的宫殿建筑和浓厚的伊斯兰特色融为一体的建筑风貌。

大禹治水的故事国人尽知，古籍记载："导水于积石。"循化被认为是大禹治理黄河的第一站，在大庄村不到 100 米的河滩地上，有一块长 7.5 米，宽和高均为 6.5 米的方形巨石，被称为禹王石，上面残留着大禹劈山导河时落座的座印。在这里还有一个大禹治水的动人传说：相传，古时大禹接受治水的使命后，总结了父辈治水失败的原因，率领大批人马从中原大地沿黄河溯流而上，最后到了黄河上游的积石峡，发现这里群山起伏，沟壑纵横，河水很不畅通。于是大禹率领大军劈山凿石，浚通河道。当时这里住着一条恶龙，经常兴风作浪，涂炭生灵。它见大禹斧劈积石要通河道，破坏它的乐园，便同大禹展开了殊死搏斗。大禹凭借这块巨石，同恶龙整整搏斗了七天七夜，最终用弓箭将恶龙射死在黄河里。所以在离禹王石不远的河道里还有一条长长的褐色条石，水浅时石头露出水面，将黄河分成两半，石头上面还留有弓箭纹痕，相传是大禹同恶龙搏斗时射箭留下的。

大庄村海拔 1880 米左右，阳光充裕，气候温暖，四季分明，这里瓜果飘香，薄皮核桃更是远近闻名，光是百年以上树龄的核桃树就有 75 棵。

最让人惦记的还是这里的美食：撒拉族干炒面叶、撒拉族雀舌面、撒拉族羊背子、撒拉族肉份子……光是听名字就足以让人流口水。